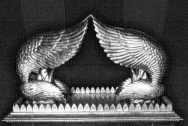

GUÍA DE EXPLORADORES
DE LA
BIBLIA

1,000
DATOS Y FOTOS FASCINANTES

La misión de Editorial Vida es ser la compañía líder en satisfacer las necesidades de las personas con recursos cuyo contenido glorifique al Señor Jesucristo y promueva principios bíblicos.

GUÍA DE EXPLORADORES DE LA BIBLIA
Edición en español publicada por
Editorial Vida – 2019
Nashville, Tennessee

© 2019 Editorial Vida

Originally published in the U.S.A. under the title:
The Bible Explorer's Guide
Copyright © 2017 por Zondervan
Published by permission of Zonderkids, Grand Rapids, Michigan 49546.
All rights reserved.

Further reproduction or distribution is prohibited.

Editora en Jefe: *Graciela Lelli*
Escrita por: *Nancy I. Sanders*
Director de Arte: *Ron Huizinga*
Traducción: *Juan Carlos Martín Cobano*
Adaptación del diseño al español: *Setelee*

ISBN: 978-0-82976-980-7

CATEGORÍA: Religión / Referencias Bíblicas

IMPRESO EN CHINA
PRINTED IN CHINA

19 20 21 22 23 24 LSC 9 8 7 6 5 4 3 2 1

EL ASOMBROSO CONTENIDO

◀ p.36

p.42 ▶

◥ p.52

▼ p.63

▼ p.67

¡La Biblia es el libro más famoso del mundo! Se han publicado y vendido más ejemplares de ella que de ningún otro libro de la historia. Más gente ha leído, estudiado y hablado de ella que de cualquier otro libro que se conozca. Pero ¿qué es exactamente la Biblia? ¿Quién escribió este superventas de todos los tiempos? Todo comenzó con Moisés. Fue el primero en escribir su contenido. Pero no usó sus propias palabras. En Éxodo 24.4 se nos enseña que Moisés escribió justo las palabras que Dios mismo dijo. Desde entonces, hubo hombres que fueron inspirados por Dios para escribir la santa palabra de Dios. Escribieron sobre gigantes, plagas peligrosas y carros de fuego, ángeles misteriosos, curaciones milagrosas y resurrección de personas de entre los muertos. Pero sobre todo escribieron acerca del plan de Dios. De principio a fin, la Biblia habla del plan de Dios para su pueblo y para ti. Así que prepárate para la aventura. ¡Exploremos la Biblia!

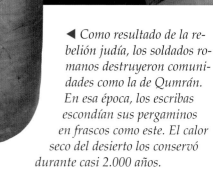

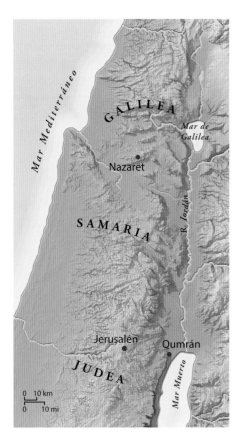

◀ *Como resultado de la rebelión judía, los soldados romanos destruyeron comunidades como la de Qumrán. En esa época, los escribas escondían sus pergaminos en frascos como este. El calor seco del desierto los conservó durante casi 2.000 años.*

UN HALLAZGO EMOCIONANTE

En 1947, un joven pastor beduino perdió algunas de sus cabras. Mirando en una cueva, encontró varias vasijas de arcilla que contenían pergaminos antiguos. No se dio cuenta de que había hecho uno de los descubrimientos más importantes en la historia de la Biblia. Durante los 20 años siguientes, los arqueólogos y la población local encontraron 28 pergaminos. También descubrieron 100.000 fragmentos que se juntaron para componer 875 manuscritos más. Eran 1.000 años más viejos que cualquier otro libro de la Biblia existente. Muchos son de hace 2.000 años, del tiempo de Jesús. ¡Algunos son incluso más antiguos! Son los Rollos del Mar Muerto, y hemos aprendido mucho sobre la historia de la Biblia al estudiarlos y explorar la región donde se hallaron.

UNA COMUNIDAD DEVOTA

Este mapa muestra el enclave arqueológico de Qumrán, en la región noroeste del mar Muerto. Fue aquí donde probablemente vivió una comunidad de judíos, los esenios, desde alrededor del año 130 A.C. hasta el año 68 A.D. Copiaban pergaminos de la Biblia hebrea, así como otros documentos.

CAZATESOROS

Los arqueólogos trabajan con cuidado para desenterrar tesoros del pasado. Buscan pistas que nos ayuden a entender la Biblia, las personas que la escribieron y cómo era la vida en los tiempos bíblicos.

▶ *Estas antiguas «plumas» se descubrieron en Qumrán. Se llaman punzones y están hechos con una hoja de palma. El escriba sumergía el extremo del punzón en un bote de tinta. Luego escribía con él.*

▶ *A orillas del Nilo crecía un junco llamado papiro. Sus cañas se cortaban y luego se ponían en remojo. Se colocaban una encima de otra y se machacaban o laminaban hasta quedar aplastadas. Este proceso daba un tipo de papel llamado papiro. Este hombre está procesando cañas para hacer papiro.*

¿Lo sabías?

El rollo más famoso hallado en Qumrán es el de Isaías. Con más de siete metros de largo, está escrito en 17 hojas de cuero cosidas de punta a punta. Este pergamino contiene el texto completo del libro de Isaías. Al comparar las palabras de los Rollos del Mar Muerto con la Biblia que tenemos hoy, vemos cuán preciso ha sido el proceso durante miles de años para preservar la Palabra de Dios de generación en generación.

▲ *Los diferentes manuscritos hallados en Qumrán están escritos en hebreo, arameo, árabe, latín y griego.*

La Biblia dice que en el principio Dios creó el mundo entero en seis días. Dios tenía el poder y la sabiduría para crear un mundo exactamente conforme a su voluntad y a como él sabía que era mejor. Algunos debaten sobre si Dios creó el mundo en seis días reales o si cada «día» contenía más de 24 horas. Pero la verdad es lo que importa: Dios creó el mundo, y a los seres humanos a su imagen.

EL CALENDARIO HEBREO

El año 2000 fue el 5761 en el calendario hebreo. Según la tradición judía, el calendario hebreo comienza el año en que se creó el mundo.

▶ *Este antiguo mosaico hebreo muestra el zodíaco dentro del círculo y las estaciones del año en cada esquina.*

◀ *El ibis tiene el pico largo y curvado hacia abajo, y por lo general se alimenta en grupo, hurgando en el lodo para encontrar comida, normalmente crustáceos.*

PREGUNTAS Y RESPUESTAS

En el libro de Job, Dios le hace preguntas importantes como: «¿Quién infundió sabiduría en el ibis, o dio al gallo entendimiento?» (Job 38.36). La respuesta es Dios. También le pregunta: «¿Es tu sabiduría la que hace que el halcón vuele y que hacia el sur extienda sus alas?» (Job 39.26). La respuesta es Dios. En su gran sabiduría, Dios diseñó los animales con instinto para saber cuándo y a dónde emigrar, qué comer o cómo construir un nido.

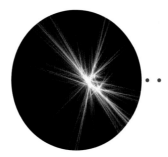

PRIMER DÍA:
Dios creó la luz.

SEGUNDO DÍA:
Dios creó el cielo y el agua.

TERCER DÍA:
Dios creó los mares, la tierra y las plantas.

SIR ISAAC NEWTON

Isaac Newton (1642–1726) es uno de los científicos más famosos de la historia. Leía y estudiaba la Biblia cada día. Decía que, cuanto más investigaba como científico los asombrosos detalles de la creación, mejor conocía a Dios.

UN DISEÑADOR MARAVILLOSO

Imagina que ves un castillo de arena ¿Pensarías que las olas lo crearon por casualidad? ¡Por supuesto que no! Sabrías que alguien lo hizo. Lo mismo sucede con la creación. Cuanto más la estudian los científicos, más entendemos que no pudo haber sucedido por casualidad. Alguien con inteligencia diseñó las maravillas del universo y lo puso todo en su lugar. La Biblia nos dice que ese alguien es Dios.

¿Lo sabías?

Jesús es Dios, y Dios creó el mundo y todo lo que hay en él. Colosenses 1.15-16 dice: «Él es la imagen del Dios invisible, el primogénito de toda creación, porque por medio de él fueron creadas todas las cosas en el cielo y en la tierra, visibles e invisibles, sean tronos, poderes, principados o autoridades: todo ha sido creado por medio de él y para él». Para saber más sobre la creación, lee Génesis 1.1–2.3.

CUARTO DÍA:
Dios creó el sol, la luna y las estrellas.

QUINTO DÍA:
Dios creó los peces y los pájaros.

SEXTO DÍA:
Dios creó los animales terrestres, al hombre y a la mujer.

SÉPTIMO DÍA:
Dios descansó y disfrutó de su creación.

EL PARAÍSO EN UN JARDÍN

¿Quiénes fueron el primer hombre y la primera mujer? ¿Cómo llegaron aquí? ¿De qué parte del mundo salieron? La gente se ha planteado estas preguntas durante miles de años. Algunos arqueólogos han dedicado su vida a la búsqueda de indicios. Muchos estudiosos han debatido durante años sobre cómo interpretar el significado de los datos científicos y la cultura material desde la antigüedad. Cada uno parece tener su opinión. Hoy en día, gracias a la tecnología moderna y a la Biblia misma, sabemos más que ninguna otra generación.

TIERRA ROJA

Génesis 2.7 dice que Dios formó al primer hombre del polvo. El nombre Adán suena como la palabra hebrea para «rojo». En las montañas turcas, la tierra es muy roja. Por eso algunos estudiosos especulan que los ríos perdidos del Edén pasaron por esta región.

▼ *Con 2.865 km de longitud, el río Éufrates es el más largo de esta parte del mundo. Comenzando en el país de Turquía, discurre a través de Siria y luego se une al río Tigris antes de desembocar en el golfo Pérsico.*

Mar Negro

Mte.
Ararat

Edén (?)

TURQUÍA

IRÁN

Mar
Caspio

SIRIA

R. Éufrates

R. Tigris

LÍBANO

Mar
Mediterráneo

ISRAEL

IRAK

Jerusalén

JORDÁN

Edén (?)

Golfo
Pérsico

Sinaí

ARABIA
SAUDÍ

R. Nilo

Mar
Rojo

0   200 km
0   200 mi

La víbora cornuda es una serpiente venenosa de Israel.

EL JARDÍN DEL EDÉN

Génesis 2.7-8 dice que Dios creó a Adán y lo puso en el hermoso jardín del Edén. Pero nadie sabe con seguridad dónde estaba el Edén. La Biblia nos da los nombres de cuatro ríos que fluían del jardín, pero dos no existen hoy en día. Los otros dos ríos mencionados son el Tigris y el Éufrates. Esos ríos discurrían por la antigua Mesopotamia, el actual país de Irak.

▲ *Esta tablilla de arcilla es de Sumeria, hoy Irak. La escritura en forma de cuña se llama cuneiforme. Aquí describe «edin», una tierra de abundancia, y es posiblemente la primera mención del Edén.*

¿LO SABÍAS?

Cuando Dios puso a Adán y Eva en el jardín del Edén, les dio la libertad de comer del fruto de cualquier árbol menos de uno. No se les permitía comer del árbol del conocimiento del bien y del mal. Si lo hacían, Dios les dijo que ciertamente morirían. ¿Sabes lo que pasó después? Una serpiente entabló una conversación con Eva. La serpiente era Satanás disfrazado. Satanás tentó a Eva y tuvo éxito. Eva y Adán comieron del árbol prohibido. El castigo para Adán y Eva por su pecado fue la expulsión del jardín. Para saber más sobre Adán y Eva, la serpiente y el plan eterno de Dios, lee Génesis 3.1-24.

9

En los escritos de culturas antiguas hay más de 200 relatos de un gran diluvio. El relato bíblico cuenta cómo los hijos de Noé y sus esposas se extendieron por todo el mundo cuando se secaron las aguas del diluvio. Esta historia probablemente la contaron de nuevo distintos narradores de diferentes culturas que agregaron detalles de sus tradiciones.

RELATOS DEL DILUVIO

China, Hawái, México, Irlanda y Grecia son solo algunos de los lugares que tienen historias sobre un diluvio. Por ejemplo, la epopeya de Gilgamesh procede de la antigua Nínive, en el reino de Babilonia. Habla de un rey que aprende sobre el diluvio viajando a través del «inframundo».

◀ *Noé llevó parejas de todas las especies animales al arca.*

¿LO SABÍAS?

El libro de Génesis dice que vinieron a Noé parejas de cada especie animal. Pero también llevó siete parejas de ciertos animales comestibles. Después del diluvio, liberaron a los animales para multiplicarse y repoblar la tierra. Para saber más sobre Noé, los animales, el arca y el diluvio, lee Génesis 6.9-9.17.

◄ *El libro de Génesis nos da información sobre Noé y su arca. Presenta la genealogía de la familia de Noé, lo que permite calcular el año aproximado en que ocurrió el diluvio, alrededor del 2500 A.C. Génesis 6.15 también da las dimensiones del arca, casi tan larga como un campo y medio de fútbol.*

◄ *Algunos eruditos calculan que Noé llevó 16.000 animales a bordo del arca. Eso suma hasta 12 toneladas de desechos animales cada día.*

► *Cuando las aguas del diluvio se secaron, el arca se asentó en las montañas de Ararat. Aunque muchos exploradores han buscado los restos del arca, nunca se han encontrado.*

UNA PROMESA ESPECIAL

La Biblia dice que Dios envió un diluvio para limpiar el mundo de gente pecadora. Pero el arcoíris que envió es señal de la promesa de que no volverá a traer un diluvio global. Cada vez que veas un arcoíris, recuerda esta promesa especial de Dios.

EL PRIMER RASCACIELOS

Los descendientes de Noé se extendieron hacia el este. Encontraron una llanura y se establecieron allí. Entonces tuvieron una idea: construirían una torre tan alta que llegaría hasta el cielo. La Biblia dice que intentaban hacerse famosos. Pero Dios confundió su lengua para que no pudieran terminar la torre de Babel. Desde allí, se esparcieron por todo el mundo, hablando en muchos idiomas diferentes.

La antigua ciudad de Ur era un centro de negocios, riqueza y cultura. Abram, su esposa Saray y el resto de su familia consideraban Ur su hogar. En el libro de Génesis, Dios llamó a Abram para que dejara su casa y se mudara. Dios prometió dar la nueva tierra de Jarán a Abram y a sus descendientes para siempre. ¿Abram se quejó o se negó a hacerlo? No, Abraham se llevó a su esposa, todas sus posesiones y a su sobrino Lot, y siguió la guía de Dios. Salió con fe. Eligió creer en Dios y en las promesas que Dios le hizo.

◄ *Este antiguo juego fue descubierto en una tumba en Ur.*

EL MONTAJE DE SUS TIENDAS

Viajar en los días de Abraham no era como hoy. Era peligroso. Había fieras, bandidos y reyes en guerra. Además, en el desierto hacía calor; era polvoriento y seco. Abraham y su familia vivían en tiendas mientras viajaban.

◄ *La tela de las tiendas de campaña se tejía normalmente con pelo de cabra.*

CENTRO DE COMERCIO

Abram nació en la ciudad de Ur en el 2166 A.C., en pleno apogeo de su riqueza y fortaleza. El poder de sus reyes se extendía hacia el oeste desde Ur hasta el mar Mediterráneo. Ur estaba unida al río Éufrates por canales, lo que la convertía en un centro de comercio del mundo antiguo.

► *La mayoría de las casas de Ur se construían con ladrillos de barro cocido. Las habitaciones se diseñaban a menudo para rodear un patio central.*

▲ *Este mosaico muestra al rey de Ur de banquete con sus amigos.*

Abraham y las doce tribus de Israel

ÁRBOL GENEALÓGICO DE ABRAHAM

La Biblia narra la historia de Abraham y de cómo su familia se convirtió en una nación. Habla del hijo de Abraham, Ismael; del hijo de la promesa de Abraham, Isaac; y de su nieto Jacob (quien después llegó a ser conocido como Israel). Sus doce bisnietos se convirtieron en las doce tribus de la nación de Israel.

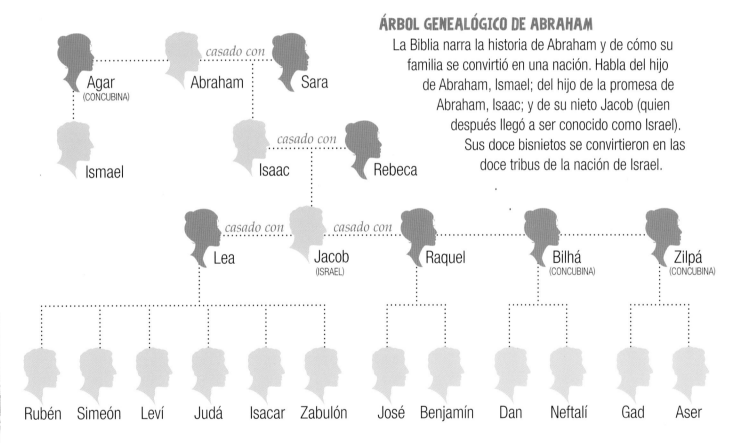

Agar (CONCUBINA) — *casado con* — Abraham — Sara

Ismael

Isaac — *casado con* — Rebeca

Lea — *casado con* — Jacob (ISRAEL) — *casado con* — Raquel — Bilhá (CONCUBINA) — Zilpá (CONCUBINA)

Rubén Simeón Leví Judá Isacar Zabulón José Benjamín Dan Neftalí Gad Aser

LA ORDEN DE TRASLADO

Cuando Abram y su familia dejaron Ur, se establecieron en Jarán. Abram tenía 75 años cuando oyó a Dios llamarlo para que dejara Jarán y se mudara 725 kilómetros al suroeste, a la tierra de los cananeos. En el momento del pacto, Dios cambió los nombres de Abram y Saray por Abraham y Sara.

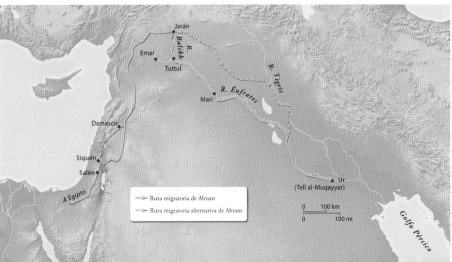

Jarán
Emar
Tuttul
R. Balikk
R. Tigris
Mari
R. Éufrates
Damasco
Siquén
Salén
Ur (Tell al-Muqayyar)
A Egipto
Golfo Pérsico

➤➤ Ruta migratoria de Abram
➤➤ Ruta migratoria alternativa de Abram

0   100 km
0   100 mi

L a historia de Israel incluye mucho tiempo pasado en Egipto. Es la historia de una familia en el contexto del antiguo Egipto. ¿Cómo sucedió esto? En algún momento durante el siglo XIX A.C., hubo un joven llamado José, uno de 12 hermanos. José era el hijo favorito de Jacob. Sus hermanos estaban celosos, así que lo vendieron a Egipto como esclavo. Allí, José se convirtió en el segundo al mando de Egipto. Una severa hambruna golpeó la tierra. Todos estaban hambrientos, así que los 11 hermanos y sus familias se mudaron a Egipto, donde se reunieron con José y les dieron comida.

▲ *Esta escena se pintó en las paredes de la tumba de un hombre rico en Beni Hasan. La escritura jeroglífica sobre la pintura dice que estos visitantes van a Egipto. La gente es de una región similar a donde vivía José antes de convertirse en esclavo en Egipto.*

ENJAMBRES DE LANGOSTAS

El 17 de noviembre de 2004, nubes de langostas oscurecieron el cielo sobre las pirámides de Guiza, cerca de El Cairo. La gente, asustada, huyó y se escondió. Una de las diez plagas que Dios envió a Egipto mediante Moisés fue un enjambre de langostas peor que este.

▶ *Pintura hallada en la tumba de Menna (aprox. 1400 A.C.), con funcionarios midiendo el grano para los impuestos, como lo hizo José para almacenarlo en Egipto en preparación para la hambruna.*

MIDIENDO EL GRANO

El faraón, soberano de Egipto, tuvo un sueño y nadie supo decirle su significado. José pudo explicarle que Dios le estaba advirtiendo de que la tierra sufriría una gran hambruna. Él le encomendó a José la gran tarea de recoger suficiente grano durante los años de abundancia para alimentar a toda la nación durante el hambre.

TRABAJO DE ESCLAVOS

Los esclavos israelitas fueron forzados a mezclar barro del río Nilo con paja sobrante del grano del campo. Con esta mezcla hacían ladrillos que se cocían bajo el sol de Egipto. Hacían falta interminables suministros de ladrillos para construir los colosales monumentos y templos del faraón.

▶ *Los ladrillos de barro secados al sol todavía se utilizan hoy en día en zonas de África y Asia.*

LA PRIMERA PASCUA

Cuatrocientos años después de que la familia de José se mudara a Egipto, todavía vivían allí como esclavos. Así que Dios les envió un libertador, Moisés. Solo había un problema: el faraón se negaba a dejar ir a los israelitas. Así que Dios envió diez plagas contra los egipcios. La décima y última plaga fue la muerte de los primogénitos. Moisés advirtió al faraón de que el Señor recorrería el país a medianoche y mataría a los primogénitos en todo Egipto. Sin embargo, las familias de Israel recibieron instrucciones de sacrificar un cordero y rociar su sangre a los lados y en la parte superior de sus puertas. El Señor pasaba por encima de cada casa donde veía la sangre. Sus hijos estaban a salvo. Solo cuando su propio hijo fue asesinado esa noche el faraón dio permiso para que los israelitas salieran de Egipto.

▲ *Estatuas gigantes de Ramsés y su reina.*

MISTERIO SIN RESOLVER

Arqueólogos y estudiosos de la Biblia han intentado durante años desvelar un misterio. ¿Qué faraón de duro corazón gobernaba en Egipto cuando Moisés llegó? Aunque la evidencia arqueológica no es totalmente segura, muchos expertos piensan que fue Ramsés II.

¿Lo sabías?

José perdonó a sus hermanos. En Génesis 50.20 les dice: «Ustedes pensaron hacerme mal, pero Dios transformó ese mal en bien para [...] salvar la vida de mucha gente». José invitó a sus hermanos y a sus familias a mudarse a Egipto y quedarse en la tierra de Gosén (mostrada aquí).

TABLAS, EL MAR ROJO Y UN BECERRO DE ORO

Los israelitas huyeron de Egipto y del faraón, pero pronto se vieron bloqueados por el mar Rojo y entraron en pánico. Pero Dios dividió las aguas y los israelitas cruzaron sobre suelo seco. Una vez a salvo al otro lado, se dieron la vuelta y miraron. El faraón y sus carros estaban cerca, pero las aguas del mar Rojo cayeron sobre ellos y los arrastraron. Regocijándose, Moisés y los israelitas dejaron atrás Egipto. Pasaron los siguientes 40 años en el desierto en su camino hacia Canaán, la tierra que Dios les había prometido. Este increíble viaje se conoce como el éxodo. Probablemente tuvo lugar alrededor del año 1446 A.C.

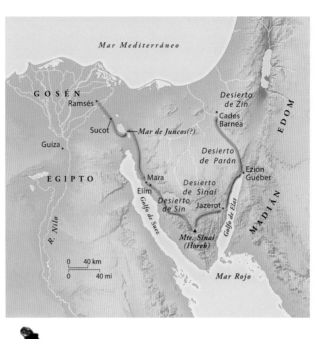

LA SIGUIENTE GENERACIÓN

Los israelitas vagaron 40 años por el desierto. La mayoría de los que fueron esclavos y liberados de Egipto murieron y fueron reemplazados por sus hijos, una nueva generación de valientes guerreros.

◄ Esta es una posible ruta desde Egipto hasta la tierra prometida.

▼ Cuando los israelitas salieron de Egipto, no se fueron con las manos vacías. Los egipcios les dieron presentes de costosas joyas de plata y oro junto con otras riquezas.

▶ *Este objeto descubierto en Israel es la figura de un pequeño becerro con su propio establo. Cuando Moisés subió al monte Sinaí, su hermano Aarón le hizo al pueblo un nuevo dios al que seguir. Tenía la forma de un becerro de oro. Cuando Moisés finalmente regresó al campamento, se ocupó de los israelitas. Ver Éxodo 32.*

MANÁ

Dios proveyó a los israelitas con pan y carne mientras vagaban por el desierto. Envió codornices y maná. «Maná» significa en hebreo «¿Qué es esto?». Era un pan especial del cielo. Caía cada noche y cubría el suelo como el rocío. Al secarse, parecía escamas finas de escarcha. Los israelitas lo hervían o lo horneaban como tortitas. Sabía dulce, como las tortas de aceite. Dios proveyó maná por 40 años hasta que los israelitas dejaron el desierto y entraron a la tierra prometida, donde podían encontrar comida en abundancia.

◀ *Su marcha se detuvo cuando los israelitas llegaron a las orillas del imponente mar Rojo. ¿Cómo iban a cruzar tantas personas y animales sus aguas profundas? Para empeorar las cosas, el faraón los perseguía en su carro. Todos los carros, jinetes y soldados de Egipto corrían detrás de él.*

¿Lo sabías?

Los israelitas acamparon en el desierto del Sinaí, al pie del monte Sinaí. Moisés subió a la cima para encontrarse con Dios. Moisés recibió dos tablas de piedra, con los los Diez Mandamientos escritos. Estas reglas para una vida de rectitud son parte del pacto que Dios hizo con los israelitas.

▲ *La Biblia menciona este oasis en Mara donde Dios realizó un milagro, dando agua a los israelitas.*

os israelitas no llevaban mucho tiempo fuera de Egipto cuando Dios les asignó un trabajo importante. Fueron elegidos para construir un lugar sagrado de adoración. Trabajaron sin cesar durante casi un año mientras acampaban al pie del monte Sinaí. Por fin, terminaron la Tienda de reunión. Una nube se posó sobre el santuario y la gloria del Señor llenó la tienda.

DAR A DIOS

Todos fueron invitados a traer suministros para el proyecto de construcción. El pueblo trajo tanto oro, plata y bronce que no pudieron usarlo todo. Entonces le llegó el turno a todos los trabajadores cualificados, como grabadores, diseñadores, perfumistas, bordadores y tejedores.

La Tienda de reunión estaba rodeada de cortinas sostenidas por postes de madera bañados en oro. La tienda en sí estaba dividida en dos partes. La primera se llamaba Lugar Santo. Contenía importantes piezas de mobiliario. Un humo fragante se elevaba cada mañana y cada noche desde el altar de incienso. En la mesa de los panes de la proposición se mantenía una ofrenda de pan sagrado por cada una de las 12 tribus. La luz del candelabro de siete brazos iluminaba la estancia. Detrás de una cortina estaba la segunda sala, el Lugar Santísimo. Allí se guardaba el arca del pacto. Solo el sumo sacerdote, y solo una vez al año, podía entrar en esta sala tan sagrada.

▶ *Para construir el santuario, el arca del pacto y los otros muebles usados en la Tienda de reunión se usó madera de acacia.*

▲ *Cada vez que los israelitas trasladaban su campamento, los levitas llevaban la Tienda y su mobiliario. Los levitas eran una de las 12 tribus de Israel. Los descendientes de Aarón fueron nombrados sacerdotes. Al resto de los levitas se les dieron deberes específicos para ayudar a cuidar el santuario.*

◀ *Para ungir a los sacerdotes que servían en el santuario se usaban aceites especiales, que podían ser almacenados en un frasco como este de alabastro.*

▶ *Aarón, el hermano de Moisés, fue nombrado primer sumo sacerdote. Su ropa era única, y cada pieza tenía un significado importante. Sobre su pecho llevaba un pectoral con 12 piedras preciosas. Cada piedra representaba una de las 12 tribus de Israel. Su túnica azul más corta se llamaba efod. De su borde colgaban adornos de granadas y campanillas de oro.*

EL TESORO SANTO

El arca del pacto era un cofre especial que contenía un valioso tesoro. Hecha de madera de acacia, estaba cubierta de oro. En el interior había dos tablas de piedra con los Diez Mandamientos grabados en ellas. También contenía un frasco con maná. Más adelante se añadió la vara de Aarón. El tesoro más importante, sin embargo, no se podía ver. Entre las alas de los dos ángeles llamados querubines estaba la presencia misma de Dios.

¿Lo sabías?

Las cortinas de la Tienda de reunión y las ropas de los sacerdotes estaban hechas de lino fino. Se trata de una tela hecha a partir de una planta, el lino, que crecía en Egipto y en las regiones vecinas.

EL TIEMPO DE LOS JUECES

esde aproximadamente el 1406 al 1050 A.C., los israelitas vivieron en la tierra prometida. Sus líderes, como Josué y Moisés, habían muerto. Algunos hebreos siguieron fieles a Dios y a sus leyes, pero muchos no lo hicieron y cada uno hacía lo que le parecía mejor. Seis grandes jueces gobernaron durante estos siglos, la mayoría como líderes militares. Desafortunadamente, muchos de estos líderes no eran más fieles a Dios que el pueblo.

OBJETOS SORPRENDENTES

Ecrón, una importante ciudad de Filistea, floreció en los días de los jueces. A partir de 1981, los arqueólogos excavaron este sitio conocido como Tel Miqne. Uno de los hallazgos más emocionantes fue una piedra con escritura tallada que mencionaba a cinco gobernantes filisteos e identifica el nombre de la ciudad como Ecrón.

HEREDAR LA TIERRA

Después de que Josué y sus ejércitos conquistaron la nueva tierra, se repartió entre las 12 tribus de Israel. Esto incluía las dos medias tribus de José (Efraín y Manasés). La tribu de Leví no recibió su propia gran porción de tierra. En su lugar, recibió ciudades específicas para que vivieran entre las otras tribus.

▶ *Telar para tejer.*

TRAMPA ENGAÑOSA

Dalila está entre los filisteos más conocidos de la Biblia. Su historia se relaciona con Sansón, uno de los jueces de Israel. Enamorado de Dalila, Sansón cayó en una trampa cuando los filisteos la reclutaron para espiarlo. Como parte de la trampa para descubrir la fuente de su fuerza, Dalila tejió las trenzas de Sansón en un telar. Pero solo cuando ella le cortó las trenzas a Sansón pudieron los filisteos capturar a su odiado rival y convertirlo en esclavo.

▲ Se han descubierto muchos utensilios de hierro como este cuchillo en Ecrón.

◀ Cocina del Palacio Occidental de Ebla, 4000-3000 A.C. Sansón probablemente habría usado un molino de mano como este para moler el grano siendo esclavo.

▲ Este soldado filisteo lleva el típico tocado de plumas de su uniforme.

¿Lo sabías?

Uno de los primeros jueces fue una mujer llamada Débora. La gente acudía a ella en la región montañosa de Efraín para resolver sus litigios. También ayudó a liderar sus ejércitos en una batalla victoriosa. Para aprender más sobre Débora, lee Jueces 4.1–5.31.

▶ Débora juzgaba bajo una palmera llamada la palmera de Débora.

ENEMIGOS ACÉRRIMOS

Los filisteos eran de los más fieros enemigos de Israel. Eran la única cultura de la región que conocía la tecnología para fabricar armas de hierro. El hierro era un metal mucho más fuerte que el bronce que usaban los hebreos y otros cananeos.

El período de los jueces duró más de 400 años. Fue durante esta época cuando Rut, una viuda de Moab, viajó a Belén con su suegra Noemí. Rut finalmente se casó con un un hombre llamado Booz. Rut y Booz tuvieron un hijo llamado Obed. Su hijo fue Isaí, y el hijo de Isaí fue David. La era de los jueces llegó a su fin durante la vida de David. Como último juez de Israel, Samuel ungió al primer rey de Israel, el rey Saúl. Cuando el rey Saúl fracasó en guiar a la nación conforme a la dirección de Dios, Samuel ungió a un joven pastor llamado David. Samuel anunció que David sería el próximo rey de Israel. Este David era el bisnieto de Booz y Rut.

PRENSA DE ACEITUNAS

Los olivos abundaban en Israel. Con prensas de aceitunas como esta se prensaban las aceitunas y se exprimía el aceite. Este era muy apreciado por sus múltiples usos, para cocinar y comer, como medicina y como repelente de insectos.

◄ *Se ataban piedras o pesas a la viga de la prensa de aceitunas para ayudar a exprimir el aceite.*

CASA TÍPICA

La casa típica de Israel en los tiempos bíblicos tenía cuatro partes. La principal en el centro de la casa era un patio abierto sin techo. A esta la rodeaban dos salas más. Había una estancia amplia en la parte de atrás. Muchas familias guardaban su burro, cabra o vaca en el patio o en una estancia lateral. Así protegían a su ganado de leones, osos o ladrones. El aceite de oliva, la cebada y el agua se almacenaban en la casa en grandes ollas, canastas o pieles de animales. A menudo, las escaleras de la casa conducían a una azotea donde la gente dormía en los calurosos meses de verano. La azotea también se usaba para otros propósitos, como secar el lino.

▲ *Reproducción de una casa de cuatro estancias en Israel.*

AVENTAR EL GRANO

Parte del trabajo de la cosecha consistía en aventar el grano. Cuando había viento, las semillas de trigo o cebada se lanzaban al aire con una herramienta especial llamada horca de aventar. El viento se llevaba la paja y la cáscara seca que cubría las semillas. El grano más pesado caía al suelo. El grano se recogía y se almacenaba en cestas o vasijas hasta estar listo para cocinar o para hacer pan.

◥ *Este foso de piedra, construido alrededor del año 790 A.C., era un lugar para almacenar grano.*

COMUNIDADES AGRÍCOLAS

Durante estos años, la mayoría de las familias se ganaban la vida como agricultores. Muchos tenían cabras, ovejas, vacas y burros. En los campos que rodeaban los pueblos y aldeas se plantaba el trigo, la cebada y el lino. Los olivos producían aceite y había viñedos para tener uvas.

▼ *Un pastor y su rebaño de ovejas.*

La Biblia centra gran parte de su contenido en el rey David y sus descendientes. Pero no había hallazgos históricos, fuera de la Biblia, acerca del rey David. De manera similar, los hititas se mencionan en la Biblia 47 veces, pero no son mencionados en ninguna otra fuente histórica. Esto hizo que algunos críticos de la Biblia declararan que ninguno de ellos existió. Sin embargo, todo esto cambió en el último siglo. Se han encontrado objetos que prueban la existencia tanto del rey David como de los hititas.

EL PASTORCILLO

Nacido en la aldea de Belén, David era el bisnieto de Rut y Booz. Al ser el menor de ocho hijos, David cuidaba las ovejas de su padre. David también tocaba el arpa y escribió muchas canciones mientras pastoreaba. Las palabras de algunas de esas canciones se convirtieron en parte de los Salmos. Uno de los libros del Antiguo Testamento de la Biblia.

▶ *Esta tabla del siglo IX* A.C. *se descubrió en 1993 en el norte de Israel, en Tel Dan. Se menciona a Ocozías de la «casa de David». La frase «casa de David» se refiere a los reyes que gobernaron como descendientes de David.*

REINO UNIDO

Cuando el rey Saúl y varios de sus hijos murieron en una batalla contra los filisteos, David fue nombrado rey sobre su propia tribu de Judá. El hjo menor de Saúl gobernaba el resto de Israel. Siete años y medio después, el hijo de Saúl fue asesinado. Entonces su pueblo le pidió a David que fuera su rey también. David fue nombrado rey de todo Israel y reinó 33 años.

¿LO SABÍAS?

El manantial de Guijón daba agua dulce para Jerusalén. Los jebuseos, antiguos dueños de la ciudad, construyeron un túnel hasta el manantial. En un acto de valentía, los hombres de David subieron por el pozo y tomaron la fortaleza por sorpresa. David construyó un palacio real allí. Jerusalén se estableció como capital política y religiosa de Israel.

▼ *Estas armas son de las más antiguas que se han encontrado en Israel.*

LA EDAD DEL HIERRO

Al principio, solo los hititas sabían cómo hacer armas de hierro. Cuando David peleó contra Goliat, solo el rey Saúl y su hijo Jonatán tenían espadas y lanzas. Los otros soldados hebreos usaban palos, herramientas de labranza o piedras y hondas. Después de llegar al trono, David conquistó a los filisteos, así como la región sur de Edom. En el páramo del desierto explotaron ricos yacimientos de hierro y cobre. Esto fue un punto de inflexión en la historia de Israel. Con la conquista de Edom, David trajo la Edad del Hierro a Israel. Ahora tenía suficiente hierro para fabricar todas las armas y herramientas duras que necesitaban. Bajo el reinado de David, Israel se convirtió en una de las naciones más poderosas de la tierra.

ENFRENTÁNDOSE AL GIGANTE

El filisteo Goliat medía más de dos metros y medio. Llevaba una armadura de bronce que pesaba 56 kilos. La punta de hierro de su lanza pesaba 6 kilos. Este gigante desafió al ejército de Israel a luchar. David fue el único lo suficientemente valiente como para dar un paso adelante. El pastorcito giró su honda y le lanzó una piedra a el gigante. Le dio en la frente. Goliat se estrelló contra el suelo.

▶ *Las piedras redondas se utilizaban a menudo como piedras de honda. Para lanzarlas, se colocó una piedra en una bolsa de cuero con correas de cuero atadas a sus extremos. Como pastor, David lanzaba piedras con una precisión mortal para golpear a los leones u osos que atacaban a las ovejas de su padre.*

25

Al morir el rey David, su hijo Salomón se convirtió en rey de Israel. Los años de reinado de Salomón (970-930 A.C. aprox.) fueron los más gloriosos de la historia de Israel. Fue un era de paz, poder y riqueza. En 2 Crónicas 1.15 dice: «El rey hizo que la plata y el oro fueran en Jerusalén tan comunes como las piedras». Además, el rey Salomón también dejó su huella en la historia por su gran sabiduría y sus escritos. Él escribió muchos de los Proverbios del Antiguo Testamento. Sin embargo, su obra cumbre fue la construcción del majestuoso templo de Jerusalén.

▶ *Este es un modelo del candelabro que quemaba aceite de oliva en el templo. El rey Salomón colocó diez candelabros frente al Lugar Santísimo.*

UN DORADO TESORO

El templo de Jerusalén tardó siete años en construirse. Se eligió la cima del monte Moria como lugar santo. El rey Salomón empleó a una mano de obra inmensa, incluyendo 80.000 canteros que trabajaban en las montañas para extraer piedras grandes y costosas para sus cimientos. Luego construyó el templo con tablas de cedro y enebro y lo cubrió con oro puro y piedras preciosas. Por dentro y por fuera, el templo brillaba con su oro. ¡Incluso los clavos eran de oro! Elaboradas tallas de palmeras, granadas y ángeles alados, o querubines, decoraban sus muros.

CEDRO DEL LÍBANO

Se necesitaba madera para construir el templo. El rey Hiram de Tiro aceptó enviar al rey Salomón madera de los altos y majestuosos cedros del Líbano. Salomón envió 30.000 hombres al Líbano para ayudar en la enorme tarea.

CIUDADES FORTIFICADAS

Una ruta comercial clave atravesaba el reino de Salomón desde el norte de Egipto hasta Damasco. Salomón fortificó tres ciudades principales a lo largo de este camino: Guézer, Meguido y Jazor. Los arqueólogos han descubierto en estas ciudades muchos objetos datados en los días del rey Salomón.

▼ *El rey Salomón se construyó un trono real de marfil. Estaba recubierto de oro puro. El trono del rey Salomón pudo ser parecido a este.*

RECIBO DEL TEMPLO

Se utilizaban piezas de cerámica rotas para muchos propósitos, como escribir recibos. Este es un recibo del 800 A.C., entregado por una donación de tres lingotes de plata para el templo. Este es el escrito más antiguo encontrado, fuera de la Biblia, que menciona el templo.

◀ *La escritura hebrea se lee de derecha a izquierda.*

¿LO SABÍAS?

El día en que el rey Salomón llevó el arca del pacto al templo tuvo lugar una gran celebración. Casi todo los israelitas se reunieron para el evento especial. Los sacerdotes pusieron el arca dentro del Lugar Santísimo, luego se unieron a la multitud de afuera para adorar con instrumentos y cantos. Para saber más sobre este día especial, lee 2 Crónicas 51-14.

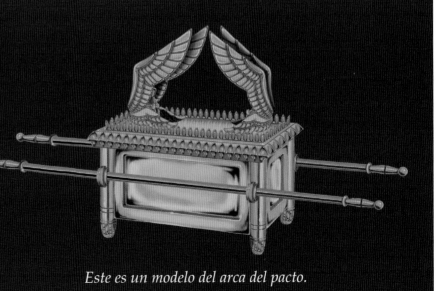

Este es un modelo del arca del pacto.

Los objetos de los tiempos bíblicos dan vida a los eventos y a la gente de esa época, al mismo tiempo que verifican la exactitud histórica de la Biblia. Se puede estudiar el estilo de vida de los hombres y mujeres de entonces, así como aprender sobre los gobernantes, tanto buenos como malos. Y, si lees la Biblia, sabes que hubo algunas personas realmente malas al mando en aquel tiempo. Los poderosos ejércitos asirios arrasaron el país. Israel cayó primero, en el año 722 A.C. Con el auge de la poderosa Babilonia, la destrucción llegó a Judá con la caída de Jerusalén en el año 586 A.C.

EL NUEVO REY DE ISRAEL

Jeroboán I estableció su capital política en Siquén. También construyó un lugar de culto propio de Israel para que los suyos no tuvieran que viajar al templo de Jerusalén. Puso dos becerros de oro para adorarlos en vez de a Dios. Uno estaba en Betel y el otro en la ciudad de Dan.

▶ *Las excavaciones en la ciudad de Dan muestran la plataforma reconstruida donde el rey de Israel se sentaba en su trono a la puerta de la ciudad.*

REINOS DIVIDIDOS

Después de la muerte del rey Salomón, reinó su hijo Roboán (930-913 A.C. aprox.). Él continuó el linaje de los reyes de Judá. Pero a las otras tribus (excepto Benjamín) no les gustó la dureza con que gobernaba el joven rey. Se separaron y coronaron a su propio rey. Roboán reinó sobre Judá en el sur, y Jeroboán I, sobre Israel en el norte.

EL REY OMRÍ

Omrí fue el sexto rey de Israel. Fue más malvado que todos los reyes anteriores. También trasladó la capital de Israel a la ciudad de Samaria. Los arqueólogos han descubierto las ruinas del palacio de Omrí en Samaria.

PIEDRA MOABITA

El reino de Israel luchó una y otra vez con Moab, su vecino del este. Esta antigua piedra registra aspectos de este conflicto. La escritura dice en parte: «Yo, Mesá, rey de Moab, hice este monumento para conmemorar la liberación de Israel. Mi padre reinó sobre Moab treinta años, y yo reiné después que mi padre. Omrí, rey de Israel, oprimió a Moab muchos días y a su hijo después de él. Pero yo combatí contra el rey de Israel, y lo eché, y tomé sus ciudades».

◄ *Esta piedra se puede ver en el Louvre de París, Francia.*

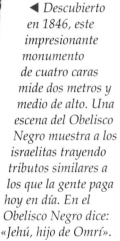

◄ *Salmanasar III (859-824 A.C.) fue un poderoso rey de Asiria.*

◄ *Gigantescos toros de piedra con alas y cabezas humanas custodiaban el palacio de Sargón II (722-705 A.C.). Sargón, un fiero general asirio, se convirtió en rey cuando Salmanasar murió. Sargón continuó con un asedio de dos años a Samaria, la capital de Israel, hasta que cayó.*

◄ *Descubierto en 1846, este impresionante monumento de cuatro caras mide dos metros y medio de alto. Una escena del Obelisco Negro muestra a los israelitas trayendo tributos similares a los que la gente paga hoy en día. En el Obelisco Negro dice: «Jehú, hijo de Omrí».*

¿LO SABÍAS?

El libro de la ley se había perdido. Durante el reinado de Josías, rey de Judá (640-609 A.C.) los sacerdotes hallaron el sagrado pergamino. Cuando se lo leyeron al rey Josías, se rasgó la túnica de consternación. No habían estado siguiendo a Dios ni sus sagrados caminos. En una gran ceremonia, el rey Josías leyó el libro en voz alta al pueblo y volvió a dedicar la nación a Dios. Para saber más sobre el rey Josías, lee 2 Crónicas 34.1-33.

Encontrado entre los rollos del mar Muerto, este fragmento con Deuteronomio 5.1-6.1 data del siglo I A.C. y es uno de los más antiguos del mundo que contienen los Diez Mandamientos.

OBELISCO NEGRO

Uno de los hallazgos arqueológicos más notables de la historia bíblica fue esta alta piedra negra. Las tallas muestran a los israelitas y al rey Jehú (o su representante) honrando al rey Salmanasar III de Asiria. El texto, escrito en cuneiforme, habla del rey Jehú trayendo tributo. Trajo «oro, un cuenco de oro, un vaso de oro, copas de oro, cántaros de oro, plomo, un cetro real, una jabalina».

Los profetas eran hombres y mujeres santos que compartían los mensajes de Dios con el pueblo. Uno de los primeros fue Samuel, el «profeta del rey». Dios lo escogió para ungir a los dos primeros reyes de Israel, Saúl y David. Después, durante el reinado de cada rey, se seguían escuchando las voces de los profetas. Algunos, como Isaías, ministraron durante décadas y a diferentes reyes. Otros autoproclamados profetas no escuchaban a Dios y daban su propio mensaje. Algunos tuvieron una o dos profecías cortas. Muchos escribieron mensajes de Dios para las generaciones futuras.

ELÍAS

Uno de los profetas más influyentes del reino del norte fue Elías, que fue arrebatado al cielo en un carro de fuego. Más de 850 años después, reapareció junto con Moisés en la cima de una montaña para hablar con Jesús. Este especial episodio se conoce como la transfiguración de Cristo porque los testigos presenciales vieron brillar el rostro de Jesús como el sol y emblanquecerse sus ropas como la luz.

▶ *Esta estatua de Elías está en el monte Carmelo, en el norte de Israel.*

PROFETAS Y ESCRIBAS

Muchos profetas eran escribas. Otros, como Jeremías, tenían sus propios escribas. El de Jeremías, Baruc, escribió las palabras del profeta en un pergamino y las leyó en voz alta al pueblo.

▶ *Este sello pertenecía a Baruc, el escriba del profeta Jeremías.*

▶ *Imagen de un escriba*

Ezequías derribó casas de Jerusalén y usó las piedras para construir su muralla de 6 m de grosor como defensa contra el ejército invasor de Senaquerib, rey de Asiria.

Isaías le dijo al rey Ezequías que Dios haría retroceder la sombra diez escalones como señal de que su profecía se iba a cumplir.

EL PRISMA DE SENAQUERIB

Senaquerib, rey de Asiria, registró sus campañas militares en prismas de arcilla de seis caras. En una cara cuenta el asedio de Jerusalén. Dice: «En cuanto a Ezequías de Judea ... lo encerré en Jerusalén, su ciudad real, como a un pájaro en una jaula». Como sabemos hoy, eso no es todo lo que pasó. Dios no permitió que el ejército asirio conquistara Judá, sino que los envió de regreso a casa como Isaías profetizó.

MENSAJE IMPORTANTE

Esta foto muestra al rey Ezequías agonizante. Isaías visitó al rey con un mensaje especial. Le dijo que Dios había prometido sanarlo y liberar a Jerusalén de los asirios haciendo regresar al rey Senaquerib a su país.

En las ruinas de la ciudad de Laquis se hallaron veintiuna cartas escritas en arcilla. Estas proporcionan detalles sobre los ataques del rey Nabucodonosor y la destrucción del templo de Jerusalén en el 586 A.C. Las piezas de cerámica utilizadas para escribir cartas se llaman ostraca.

¿LO SABÍAS?

Seguramente habrás oído la historia de Jonás. ¿Pudo haber sucedido realmente? Sea o no demostrable la historia del gran pez, sabemos que Dios, en su gran amor, envió a Jonás a Nínive, la capital del Imperio asirio. Los habitantes de esta ciudad eran enemigos acérrimos de Israel. Después de escuchar el mensaje de Jonás, 120.000 personas, incluido el rey, se arrepintieron y se volvieron a Dios.

Jonás pudo haber navegado en un barco como este modelo de mercante del siglo VI A.C. procedente de Grecia.

CAUTIVOS EN TIERRA EXTRAÑA

En los tiempos del Antiguo Testamento, los reinos surgían y caían. Finalmente, en el año 586 A.C., Jerusalén fue destruida. Su magnífico templo fue quemado hasta los cimientos. Fue algo trágico, pero Dios levantó a profetas como Daniel y Ezequiel como ejemplos de fe y con mensajes de esperanza.

MOMENTOS DE DOLOR

Ezequiel vivió en Jerusalén hasta el año 597 A.C. Fue entonces cuando Nabucodonosor desterró a otros 10.000 cautivos, incluyendo a Ezequiel y a miembros de la familia real. Fueron años tristes en Israel. Pero el profeta Ezequiel prometió a Israel que Dios un día los devolvería a su tierra.

▶ *Representación de cómo sería Jerusalén cuando cayó en el 586 A.C.*

PESADILLAS SECRETAS

El rey Nabucodonosor, soberano de Babilonia, tuvo unas pesadillas y quería entenderlas. Ninguno de los sabios pudo explicárselas, así que fue a ver a Daniel, quien oró y le pidió a Dios que revelara los sueños y su significado. Dios le dijo a Daniel que Nabucodonosor soñaba con una estatua gigantesca con cabeza de oro, vientre de bronce, piernas de hierro y pies de hierro y barro. El sueño, le explicó Daniel al rey, hablaba de los reyes de la tierra y los gobiernos de los tiempos finales. Nabucodonosor dijo: «Tu Dios es el Dios de dioses y Soberano de los reyes». Luego ascendió a Daniel como gobernador de toda la provincia y lo nombró jefe de los sabios de Babilonia.

◀ *Esta es una ilustración de la enorme estatua del sueño del rey.*

◀ *Los cautivos de Judá fueron forzados a viajar muy lejos de su patria y vivir como exiliados en Babilonia.*

ENTRADA MAJESTUOSA

Las dos majestuosas torres de la Puerta de Ishtar medían 12 m. Los arqueólogos han reconstruido esta puerta que recibía a quienes iban a los templos de Babilonia.

Mar Mediterráneo
Riblá
R. Éufrates
R. Tigris
ISRAEL
Jerusalén
JUDÁ
IMPERIO BABILONIO
Babilonia

0   200 km
0   200 mi

El rey Nabucodonosor dictó un decreto: todos debían adorar la estatua de oro de su dios. Tres jóvenes hebreos se negaron a postrarse ante la imagen de 30 metros. ¿Su castigo? Fueron arrojados a un horno de fuego. Pero las llamas ni siquiera les hicieron daño. El rey Nabucodonosor proclamó de inmediato un nuevo decreto. Todos debían honrar al Dios de los hebreos. Para saber más sobre estos tres hebreos, lee Daniel 3.1-30.

▼ *Escrito en cuneiforme, este fragmento registra detalles de la historia babilónica, como la conquista de Jerusalén por Nabucodonosor en el año 598 A.C.*

◄ *Esta copa de oro de la antigua Persia nos recuerda a la que Belsasar usaría para beber en su fiesta.*

LA CAÍDA DEL IMPERIO

Después de la muerte de Nabucodonosor, el rey Belsasar llegó al poder. Un día celebró una fiesta fantástica. Pidió las copas de oro y plata que el rey Nabucodonosor había tomado del templo de Jerusalén. Mientras bebían vino de esas copas sagradas, todos alababan a los dioses e ídolos de Babilonia. De repente, aparecieron los dedos de una mano humana y escribieron un mensaje en la pared. Aterrorizados, nadie podía interpretar la escritura. Llamaron a Daniel. Él le dijo al rey que Dios estaba pronunciando un juicio en su contra. Esa misma noche, el rey Belsasar fue asesinado. El Imperio babilonio llegó a su fin, conquistado por Darío el Medo.

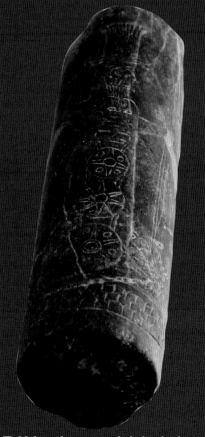

▼ *Nabucodonosor pudo haber hecho su enorme estatua de este dios babilónico llamado Marduk.*

MENSAJEROS MISTERIOSOS

De Génesis a Apocalipsis, los ángeles no dejan de trabajar. Algunos son fuertes guerreros; otros son mensajeros que se aparecen para pronunciar advertencias o anunciar nacimientos. Hay dos grupos principales: ángeles buenos que son leales a Dios y ayudan a la gente; y ángeles malvados que se rebelaron contra Dios y tientan a las personas para hacer el mal. La Biblia explica que estos «ángeles caídos» causan tormento, dolor y maldad en la tierra. La Biblia muestra cómo Dios envía ángeles buenos para guiar a las personas, protegerlas del peligro y ayudarlas en tiempos de necesidad.

▲ *Escultura de querubines de marfil de Samaria.*

ALENTADORES

Cuando Jesús estaba en el huerto de Getsemaní la noche antes de ser crucificado, se hallaba en una angustia extrema. Se estaba preparando para recibir el castigo por los pecados de todo el mundo. La Biblia dice que un ángel se le apareció a Jesús en el jardín y lo fortaleció.

▲ *El ángel Gabriel le dijo a María que sería la madre de Jesús.*

GABRIEL, EL MENSAJERO

El ángel Gabriel aparece varias veces en la Biblia como mensajero. Gabriel se le apareció a Daniel mientras vivía en Babilonia y le ayudó a entender las visiones que tenía. Gabriel también fue enviado a Zacarías con el mensaje de que tendría un hijo especial. Este niño creció para ser Juan el Bautista. Gabriel también fue enviado para decirle a María que tendría un bebé aunque aún no estaba casada. Su hijo se llamaría Jesús, y era el Mesías prometido.

◀ *Esta imagen representa a Miguel, jefe de los ángeles buenos, venciendo a Satanás, jefe de los ángeles malvados.*

MIGUEL, EL ARCÁNGEL

El ángel Miguel es uno de los más importantes mencionados en la Biblia. Es un arcángel, uno de los príncipes de los ángeles y comandante del ejército divino de huestes celestiales. Cuando estalló la guerra en el cielo, Miguel dirigió su ejército contra el de los ángeles malvados. El diablo y sus ángeles fueron arrojados a la tierra y perdieron su lugar en el cielo.

DANIEL EN EL FOSO DE LOS LEONES

Debido a su fe en Dios y su negativa a adorar a otros dioses, Daniel fue arrojado en un foso de leones. Dios envió a su ángel para cerrar la boca de los leones. A la mañana siguiente, Daniel fue sacado del foso sano y salvo.

ÁNGELES Y VISIONES

Estando exiliado en Babilonia, el profeta Ezequiel tuvo visiones de ángeles. En sus escritos, trató de describir algo de lo que vio. Un tipo de ángel, llamado serafín, parecía una persona, pero tenía cuatro caras. Tenía un rostro de persona, uno de león, uno de buey y uno de águila. Estos ángeles también poseían cuatro alas. Bajo sus alas tenían manos humanas. Muchos artistas han tratado de dibujar ángeles basados en la descripción que Ezequiel dio.

¿LO SABÍAS?

Cuando los israelitas construyeron el santuario decoraron algunas de las cortinas con querubines. Años más tarde, el rey Salomón esculpió las puertas y las paredes del templo con figuras de querubines. Para saber más sobre los ángeles, lee Apocalipsis 4.1–5.14.

▶ *Las cortinas de este modelo del santuario están decoradas con querubines, ángeles con alas.*

Después de que Ciro el Grande conquistara el Imperio babilonio se produjeron grandes cambios en toda la tierra. El más notable fue el decreto que permitió a los israelitas cautivos regresar a Jerusalén. Una vez allí, comenzaron a reconstruir el templo y la ciudad santa. No fue una tarea fácil. Los gobernadores y líderes locales los intimidaron e incluso trataron de organizar intentos de asesinato. Estos contratiempos solo hicieron que los judíos oraran más y trabajaran con mayor devoción por su pueblo, su ciudad y su Dios. Después de muchos años y durante el reinado de diferentes reyes persas, se terminó el segundo templo y se reconstruyó el muro que rodea Jerusalén.

PURIM

El festival de Purim celebra cómo Ester le pidió valientemente al rey Jerjes que detuviera el malvado plan de Amán de destruir a todos los judíos.

TIEMPOS PELIGROSOS

Jerjes I reinó sobre el Imperio persa después de Darío. Eligió a Ester, la valiente y hermosa doncella judía, como su reina. Fue durante este tiempo cuando Amán, un oficial de alto rango, le pidió al rey que matara a todos los judíos. Sin saber que la reina y su leal primo Mardoqueo eran judíos, Jerjes emitió el decreto.

◀ *Un sofisticado vaso persa para beber.*

◄ Después de conquistar a los babilonios en el año 539 A.C., Ciro el Grande gobernó el nuevo y poderoso Imperio persa.

EL FIN DEL IMPERIO PERSA

Después de dos siglos. El Imperio persa fue conquistado por Alejandro Magno de Grecia. El Imperio griego entonces gobernó la tierra del 333 al 166 A.C. En ese momento, un grupo de hebreos, llamados Macabeos, encabezó una exitosa revuelta. Los judíos lograron un breve tiempo de independencia entre los años 166-63 A.C. Este período no aparece en ninguno de los libros de la Biblia.

EL CILINDRO DE CIRO

El Cilindro de Ciro es un registro de la conquista de Babilonia por Ciro el Grande. Explica cómo a los exiliados capturados por los babilonios se les permitió regresar a sus hogares y reconstruir sus templos.

Los judíos llevaban con ellos 5.400 tesoros de plata y oro que Nabucodonosor había saqueado del templo de Jerusalén. También trajeron con ellos el permiso del rey Ciro para reconstruir el templo.

▶ Cascos de bronce como este los usaron las tropas en las batallas entre griegos y persas.

▶ Moneda dárica de oro con Darío, rey de Persia, como cazador.

UN NUEVO DECRETO

Tras la muerte del rey Ciro, Darío entró en la dinastía de los reyes persas. Antes, los judíos habían estado construyendo el templo, pero sus enemigos los obligaron a detenerse. El rey Darío emitió un nuevo decreto: «Permitan que los judíos terminen su obra del templo sagrado de Jerusalén. Usen el dinero de las arcas reales para pagarles a diario lo que necesiten». Al final pudieron terminar el segundo templo de Israel.

¿Lo sabías?

Cuando Jerusalén fue destruida en el año 586 A.C., derribaron las murallas de la ciudad. Nehemías guio a los exiliados que regresaban a reconstruir los muros de protección que rodeaban la ciudad santa. Para saber más sobre Nehemías, lee Nehemías 2.1-18.

▶ Los arqueólogos han excavado parte del muro de Jerusalén construido bajo la dirección de Nehemías.

Roma gobernaba los vastos territorios que rodeaban el mar Mediterráneo. Mientras que el imperio tenía buenos caminos, mercados llenos de artículos necesarios y lujos, teatros y palacios, y tecnología avanzada para construcciones como los acueductos, el pueblo de Israel se sentía oprimido. No podían adorar a Dios como deseaban. Muchos anhelaban que su Mesías prometido viniera y los liberara de las garras de Roma.

LA SINAGOGA

En los tiempos del Nuevo Testamento, la sinagoga era una parte central de la vida judía. Cada sábado, las familias judías honraban el *sabbat*, el día santo de reposo, cuando iban a su sinagoga local. Los hombres leían los rollos que contenían la Torá (los primeros cinco libros del Antiguo Testamento). Los días festivos se celebraban en la sinagoga. Era también donde los muchachos iban a la escuela hebrea. Esta sinagoga cerca del mar de Galilea se remonta al tiempo de Jesús.

ESCUELA EN LA SINAGOGA

Como otros niños pequeños, Jesús probablemente habría asistido a la escuela hebrea en su sinagoga local, llamada *bet-sefer*. El maestro, llamado *sofer*, le habría enseñado a leer y escribir las Escrituras.

▲ *El nombre de Jesús en hebreo es Yeshúa, que significa «salvar, liberar». El hebreo se escribe y lee de derecha a izquierda.*

LAS CASAS

Las casas variaban a lo largo del Imperio romano. La mayoría de la gente alquilaba apartamentos y tenía que compartir los servicios de baño y cocina. Para una familia normal, el mobiliario y la ornamentación eran simples: los muebles comunes, como mesas, sillas y camas, eran de madera. Las familias ricas pueden haber construido casas más extravagantes con varios niveles. Los pisos podrían tener bellos diseños de piedra llamados mosaicos. Los muebles podrían ser más elegantes, usando mármol o bronce con madera.

◀ *Los rollos de la Torá se guardaban en una hermosa caja llamada arca. Cada sinagoga tenía su propia arca y pergaminos que los escribas copiaban con cuidado.*

▶ *Reproducción artística de una casa propiedad de un ciudadano rico en Jerusalén.*

Carpintero en su mesa de trabajo.

CARAVANAS DE LEJOS

Los mercaderes viajaban en caravanas de camellos y asnos trayendo sus productos desde lejos para venderlos en los mercados locales. Joyas, papiro, y comidas únicas llegaban de lugares de todo el Imperio romano, como Egipto, Babilonia y Grecia.

OFICIOS

En los tiempos del Nuevo Testamento, muchos eran agricultores y cultivaban cereales. Otros eran pastores con rebaños de ovejas y cabras. También había muchos obreros cualificados y artesanos. José, el padre adoptivo de Jesús, era carpintero. Como hijo suyo, Jesús también aprendió el oficio de carpintero.

En Israel y en todo el Imperio romano se usaban muchas monedas diferentes.

▼ *Denario, moneda romana*

¿LO SABÍAS?

A excepción de los ricos que comían en sofás bajos como los romanos, muchas familias judías disfrutaban de sus comidas sentados alrededor de una alfombra extendida en el suelo. La comida se colocaba en el centro. Se servía un tazón de comida a cada miembro de la familia.

▶ *Tetradracma, moneda griega equivalente a cuatro denarios romanos.*

▲ *Leptón, moneda judía de poco valor* ▶

L as festividades tenían un significado especial para los judíos. Cada una era un día muy santo, un tiempo para acercarse a Dios, recordar sus bendiciones y honrar las Sagradas Escrituras. Alrededor del año 1250 A.C., cuando Moisés sacó a los hebreos de Egipto, Dios dio a los israelitas instrucciones detalladas sobre cómo celebrar festividades y días importantes. Moisés escribió estas instrucciones en el libro del pacto, y los judíos devotos debían seguirlas con gran atención.

▲ *En la primera Pascua en Egipto, los hebreos recibieron instrucciones de sacrificar un cordero y esparcir su sangre en los lados y en la parte superior de sus puertas para que el ángel de la muerte pasara por alto su casa y no matara a su primogénito.*

RELATO DE TESTIGOS

Josefo fue un historiador judío que vivió más o menos en el tiempo de Jesús. Escribió sobre la historia judía y romana. Fue testigo de la gran cantidad de israelitas que visitaban el templo de Jerusalén cada año durante las fiestas. Dijo: «Y en la fiesta de los Panes sin levadura, que ya se acercaba, y que los judíos llamaban la Pascua, y que se celebraba con muchos sacrificios, salía del país una multitud innumerable de personas para adorar». En aquel tiempo vivían en Jerusalén unas 30.000 personas. Los estudiosos estiman que entre 100.000 y 300.000 judíos visitaban la ciudad santa durante las fiestas de peregrinación.

▲ *Este antiguo signo encontrado en el monte del templo instruye a los sacerdotes a ir «a donde suena la trompeta».*

▲ *En Jerusalén se podía escuchar el shofar o cuerno de carnero llamando a la gente a reunirse para una asamblea sagrada o fiesta santa.*

FIESTA DE PASCUA

Cada año, durante la Pascua, las calles de Jerusalén se llenaban de gente. Muchas familias acampaban en los alrededores de la ciudad. Todas las familias iban al templo. Presentaban un cordero pascual en sacrificio por el perdón de sus pecados. El sacerdote rociaba el altar con sangre del cordero para mostrar que Dios perdonaba sus pecados. Luego se devolvía la carne a la familia. Volvían a su campamento y celebraban la comida de Pascua. Esta comida era un momento especial para recordar cómo Dios salvó a su pueblo de la décima plaga cuando eran esclavos del faraón.

▲ *Shavuot, la fiesta de las Primicias, celebraba el inicio de la cosecha de cebada de primavera.*

FIESTA DE LAS ENRAMADAS

La fiesta de las Enramadas (o tabernáculos) era un tiempo alegre para recordar la presencia cercana de Dios y cómo él estuvo con Moisés y los israelitas en el desierto. Las familias construían refugios llamados sucot con ramas y hojas de palma. Comían e incluso dormían dentro de enramadas como esta.

FIESTA DE LAS TROMPETAS

El día santo de la fiesta de las Trompetas (o Rosh Hashaná) se anunciaba con cuernos y trompeta.

◀ *La fiesta de Purim celebraba cuando los judíos se salvaron del malvado complot de Amán para matarlos a todos. Hoy en día, es un tiempo de alegría en que los niños se disfrazan para contar la historia.*

FIESTA DE LOS PANES SIN LEVADURA

La fiesta de los Panes sin levadura celebraba cuando Dios sacó a los antepasados hebreos de Egipto y los estableció como nación de Israel.

¿Lo sabías?

Janucá se conoce también como la fiesta de la Dedicación (o festival de las Luces). En el año 164 A.C., una familia judía llamada los Macabeos había rededicado el templo después de que lo profanase el rey de Siria. Según la tradición, Judas Macabeo encontró una pequeña cantidad de aceite que solo alcanzaba para un día. Pero, milagrosamente, alumbró ocho días enteros. En la época del Nuevo Testamento, todos los judíos, incluido Jesús, celebraban esta fiesta. Para saber qué pasó cuando Jesús visitó el templo en Janucá, lee Juan 10.22-42.

Un grupo de misteriosos viajeros llegó a Jerusalén. Habían venido desde muy lejos, de Oriente, quizás desde Susa o Babilonia. Fueron directamente a Herodes el Grande, rey de la región. Le preguntaron dónde encontrar al recién nacido rey de los judíos. Herodes reunió a los principales sacerdotes y escribas y exigió que se le dijera dónde se suponía que debía nacer el Mesías. Los maestros de la ley explicaron que el profeta Miqueas dijo que el rey nacería en Belén.

LA NOCHE MÁS MARAVILLOSA DE TODAS

¡La noche del nacimiento de Jesús fue muy emocionante! Aparecieron ángeles en los campos fuera de Belén alabando a Dios. Cuando se fueron, los pastores fueron corriendo a Belén. Vieron al Hijo de Dios recién nacido tal como dijo el ángel. Luego difundieron la noticia a todos sus conocidos.

◄ *Muchas familias exhiben un belén en su casa para recordar la maravillosa noche en que nació Jesús.*

UN NACIMIENTO IMPORTANTE

Debido al censo, José y María tuvieron que dejar su casa en Nazaret. Viajaron a Belén, una aldea al sur de Jerusalén, porque eran descendientes del rey David. Cuando llegaron a Belén, llegó el momento de que María diera a luz a su hijo.

▼ *El rey David y su descendiente Jesús nacieron en Belén.*

◄ El emperador César Augusto gobernó el Imperio romano, que incluía Israel, desde el año 31 hasta el año 14 A.C. Ordenó que todos los habitantes del mundo romano fueran contados en un censo. Cada familia tenía que regresar a la ciudad natal de sus antepasados para inscribirse.

ASTRÓLOGOS

La escritura cuneiforme de este planisferio asirio del siglo VII A.C. da información sobre las constelaciones y posiciones de las estrellas. Los sabios de Persia podrían haber estudiado tales escritos. No se sabe qué religión siguieron los sabios que visitaron a Jesús. Tal vez eran descendientes de Daniel o de otros hebreos exiliados en Babilonia.

◄ Según la ley de Moisés, las madres sin mucho dinero podían traer un par de palomas o dos pichones como ofrenda porque acababan de dar a luz un hijo.

TIEMPO DE MIEDO Y TRISTEZA

Cuando el rey Herodes se enteró de la existencia de un rey infante, ordenó a los soldados romanos que mataran a todos los niños de Belén que tuvieran dos años o menos. José, sin embargo, escapó a Egipto con María y Jesús. Su viaje pudo haberlos llevado por el árido desierto como en este cuadro.

SEGÚN LA LEY

María y José se preocuparon por seguir la ley de Moisés con el niño Jesús. Lo llevaron al templo de Jerusalén y lo consagraron a Dios como hijo primogénito de María. Los nuevos padres ofrecieron un sacrificio tradicional.

¿LO SABÍAS?

Aunque la Biblia no dice cuántos sabios siguieron la estrella hasta Jesús, sí enumera los tres obsequios que le dieron. El oro era un regalo real digno de un rey. El incienso se usaba para adorar a Dios en el templo. La mirra era una especia que se usaba para envolver el cuerpo de una persona después de su muerte. Para saber más sobre estos sabios, lee Mateo 2.1-12.

► Este mapa muestra la ruta que José y María probablemente tomaron de Nazaret a Belén a Egipto y luego de regreso a Nazaret, donde se crio Jesús.

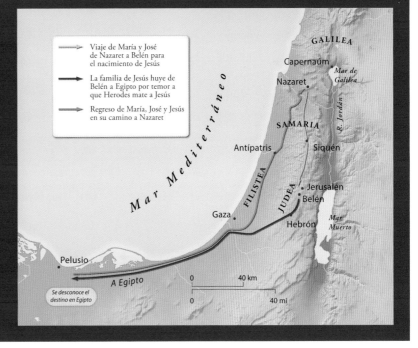

Viaje de María y José de Nazaret a Belén para el nacimiento de Jesús

La familia de Jesús huye de Belén a Egipto por temor a que Herodes mate a Jesús

Regreso de María, José y Jesús en su camino a Nazaret

GALILEA
Capernaúm
Mar de Galilea
Nazaret
R. Jordán
Mar Mediterráneo
SAMARIA
Antípatris
Siquén
FILISTEA
JUDEA
Jerusalén
Belén
Gaza
Hebrón
Mar Muerto
Pelusio
A Egipto
Se desconoce el destino en Egipto
0   40 km
0   40 mi

Jesús escogió como discípulos a doce hombres comunes. Estos estudiaron las Escrituras a su lado y, mientras caminaban y hablaban con él, aprendían lecciones importantes sobre Dios. Los doce vivieron tres años con Jesús como compañeros y amigos cercanos. Dos de estos discípulos, Mateo y Juan, escribieron sus relatos históricos de la vida y misión de Jesús.

▲ *Al caminar de pueblo en pueblo, Jesús y sus seguidores tal vez llevaban sandalias como este par de 2.000 años de antigüedad encontrado en la región del mar Muerto.*

LA BARCA GALILEA

En 1986, el nivel del agua en el mar de Galilea bajó drásticamente por una sequía de dos años. Dos hermanos caminaban por la orilla cuando vieron algo enterrado en el barro. Una investigación más profunda reveló la estructura de madera de un barco muy antiguo. Llamaron a especialistas para estudiarla. Reforzaron la madera empapada con productos similares a la cera para poder sacarla. Luego le aplicaron un proceso de datación por Carbono 14 y hallaron que la barca tenía 2.000 años. Se la suele llamar la Barca de Jesús porque data del 100 A.C.-70 A.D., más o menos la misma época en que Jesús navegó en barcas similares con sus discípulos.

PESCADORES DE HOMBRES

Un día, mientras Jesús caminaba por la orilla del mar de Galilea, vio a unos pescadores, a los hermanos Simón (Pedro) y Andrés, echando sus redes en el agua. Jesús les dijo: «Vengan, síganme [...], y los haré pescadores de hombres». Dejaron sus redes y siguieron a Jesús. Desde allí, vieron a dos hermanos más, Jacobo y Juan, reparando sus redes. De nuevo, Jesús los llamó para que lo siguieran y ellos lo hicieron. Por lo menos cuatro, quizás siete, de los doce discípulos (también conocidos como apóstoles) eran pescadores en el mar de Galilea.

▶ *Este mapa del mar de Galilea y sus regiones circundantes muestra dónde se encontró la barca galilea, de 2.000 años de antigüedad, en el barro.*

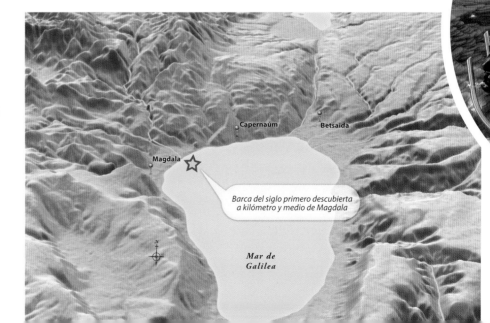

Capernaúm

Betsaida

Magdala

Barca del siglo primero descubierta a kilómetro y medio de Magdala

Mar de Galilea

ANTIGUA SINAGOGA

Los cimientos ennegrecidos de las ruinas de esta sinagoga de Capernaúm se remontan a la época de Jesús. Él y sus discípulos podrían haber adorado en ella. Las paredes blancas son de una sinagoga más nueva, construida allí en el siglo VI A.D.

▲ *La barca galilea, ahora expuesta en el Yigal Allon Center, a pocos kilómetros de donde fue hallada.*

¿LO SABÍAS?

No todos los discípulos de Jesús eran pescadores. Aunque era judío, Mateo trabajaba para Roma como recaudador de impuestos. Los recaudadores de impuestos eran considerados traidores a Israel y odiados por sus compatriotas. Pero Jesús escogió a Mateo para ser uno de sus mejores amigos. Para saber más sobre el llamamiento de Mateo, lee Mateo 9.9-13.

◀ *Esta talla en piedra del siglo II A.D. muestra a un cambista y a su sirviente.*

▶ *Esta moneda de tiempos del Nuevo Testamento la acuñó Poncio Pilato, gobernador romano de Judea, la región del sur de Galilea que incluía las ciudades de Jerusalén y Belén.*

En los tiempos del Nuevo Testamento, muchos de los judíos estaban buscando al Mesías. Esperaban que el Salvador viniera y los salvara de la opresión romana. Por lo tanto, había una pregunta común entre las multitudes: «¿Podría ser Jesús el Mesías que estamos buscando?». Cientos de personas seguían a Jesús y observaban su ministerio. Después de escuchar las lecciones que enseñó y ver las cosas que hizo, mucha gente llegó a creer que Jesús era el Mesías. Sin embargo, no todos creían. Muchos líderes religiosos judíos clave no aprobaban en absoluto a Jesús.

▼ *Mapa del ministerio de Jesús.*

▼ *Muchas personas todavía van al río Jordán para ser bautizados, como Jesús.*

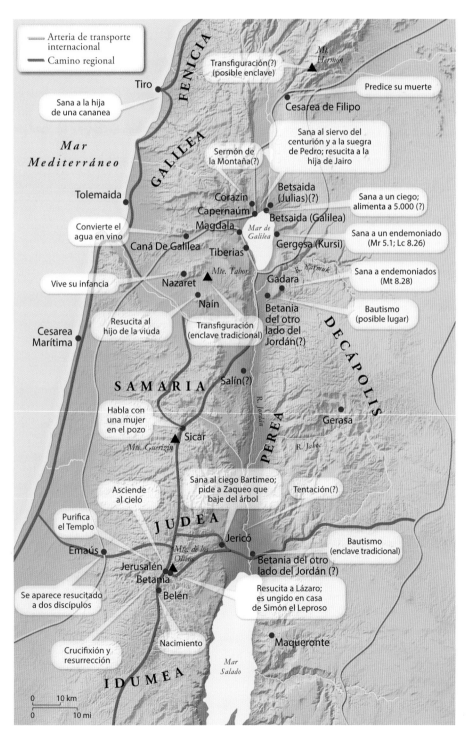

Mapa del ministerio de Jesús:

- Arteria de transporte internacional
- Camino regional

FENICIA
- Tiro — Sana a la hija de una cananea
GALILEA
- Transfiguración(?) (posible enclave)
- Mt. Hermón
- Predice su muerte
- Cesarea de Filipo
- Sana al siervo del centurión y a la suegra de Pedro; resucita a la hija de Jairo
- Sermón de la Montaña(?)
- Mar Mediterráneo
- Tolemaida
- Corazín
- Capernaúm
- Magdala
- Betsaida (Julias)(?)
- Betsaida (Galilea)
- Sana a un ciego; alimenta a 5.000 (?)
- Convierte el agua en vino
- Caná De Galilea
- Mar de Galilea
- Tiberias
- Gergesa (Kursi)
- Sana a un endemoniado (Mr 5.1; Lc 8.26)
- R. Yarmuk
- Vive su infancia
- Mte. Tabor
- Nazaret
- Gadara
- Sana a endemoniados (Mt 8.28)
- Naín
- Betania del otro lado del Jordán(?)
- Bautismo (posible lugar)
- DECÁPOLIS
- Resucita al hijo de la viuda
- Transfiguración (enclave tradicional)
- Cesarea Marítima
- SAMARIA
- Salín(?)
- R. Jordán
- PEREA
- Habla con una mujer en el pozo
- Sicar
- Mte. Guerizín
- R. Jabec
- Gerasa
- Asciende al cielo
- Sana al ciego Bartimeo; pide a Zaqueo que baje del árbol
- Tentación(?)
- Purifica el Templo
- JUDEA
- Emaús
- Jericó
- Bautismo (enclave tradicional)
- Jerusalén
- Mte. de los Olivos
- Betania
- Betania del otro lado del Jordán (?)
- Se aparece resucitado a dos discípulos
- Belén
- Resucita a Lázaro; es ungido en casa de Simón el Leproso
- Crucifixión y resurrección
- Nacimiento
- Maqueronte
- Mar Salado
- IDUMEA
- 0 — 10 km
- 0 — 10 mi

JUAN EL BAUTISTA

El primo de Jesús, Juan, le predicó al pueblo y lo llamó a alejarse del pecado y volver a Dios. Mucha gente se arrepintió, y Juan los bautizó en el río Jordán. Un día, Jesús vino al Jordán y quiso ser bautizado también. Juan no quiso bautizarlo, pero Jesús insistió: «Hagámoslo como te digo, pues nos conviene cumplir con lo que es justo». (Mateo 3.15) Y Juan lo bautizó.

EL POZO DE JACOB

Un día Jesús habló con una mujer en el pozo de Jacob en Samaria. Jesús le contó todo sobre su pasado y quién era. Cuando ella lo oyó decir estas cosas, supo que solo el Mesías podía saber cosas así. Jesús le aseguró que estaba hablando con el Mesías. Estaba tan emocionada que llamó a todos los de su pueblo para que vinieran a conocer a Jesús. Después de conocerlo, muchos samaritanos eligieron creer que Jesús era el Mesías.

LA TRANSFIGURACIÓN

Este mosaico del techo de la iglesia de la Transfiguración muestra la transfiguración, cuando el rostro de Jesús resplandeció como el sol y sus vestidos brillaban de blancura. Moisés y Elías se aparecieron para hablar con él ante la mirada de Pedro, Santiago y Juan.

▲ *En las paredes de la iglesia del Pater Noster en Jerusalén está escrito el Padrenuestro en 140 idiomas.*

EL PADRENUESTRO

Durante el Sermón de la Montaña, Jesús enseñó a la gente a orar. Hoy, esta oración se conoce como el Padrenuestro.

EL SERMÓN DE LA MONTAÑA

Grandes multitudes seguían a Jesús. Un día Jesús decidió dar una lección especial. Subió a la ladera de esta montaña. Entonces empezó a hablar de Dios. Esas palabras se conocieron como el Sermón de la Montaña.

TENTACIÓN Y PRUEBA

Después de ser bautizado, Jesús fue llevado por el Espíritu Santo al desierto, donde ayunó y oró durante 40 días y 40 noches. Satanás vino a tentar a Jesús, probándolo con promesas de riquezas y poder. Pero Jesús no se dejó tentar.

¿Lo sabías?

Cuando Jesús enseñaba, a menudo usaba ejemplos que la gente podía entender y con los que podía identificarse fácilmente. Jesús le dijo a la multitud que él es el Buen Pastor. Dijo que cuida muy bien a sus ovejas porque las ama. Para saber más sobre el Buen Pastor, lee Juan 10.1-18.

uando hablaba a las multitudes, Jesús solía contar historias llamadas parábolas. Cada una de ellas enseñaba una lección importante. Algunas hablaban del reino de Dios. Otras enseñaban sobre temas como la oración, el amor o el juicio de Dios. Otras parábolas enseñaban sobre cómo hacer buenas obras.

PARÁBOLA DEL SEMBRADOR

Este cuadro del siglo XII ilustra la parábola del sembrador. Cuenta cómo algunas semillas cayeron en lugares donde no crecieron. Otras cayeron en buena tierra y crecieron para dar una gran cosecha. Esta parábola enseñaba a la gente a ser como semillas en buena tierra y producir buen fruto abundante.

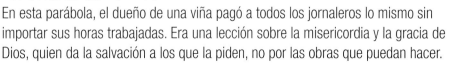
Esta historia cuenta de una mujer que tenía diez monedas y perdió una. Encen una vela, barrió la casa y la registró con atención. Cuando la encontró, llamó a to sus amigos y vecinos para que se regocijaran con ella. Esta parábola enseña cómo todos en el cielo se regocijan cuando un pecador se arrepiente.

PARÁBOLA DEL GRANO DE MOSTAZA

En esta parábola, Jesús comparó el reino de Dios con el pequeño grano de la mostaza. Una planta de mostaza alcanza altura y las aves anidan en sus ramas. Esta parábola enseñaba la lección de que pueden crecer grandes cosas desde pequeños comienzos, como lo hizo el ministerio de Jesús.

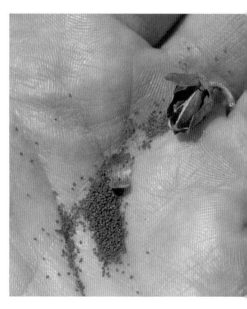

LOS OBREROS DE LA VIÑA

En esta parábola, el dueño de una viña pagó a todos los jornaleros lo mismo sin importar sus horas trabajadas. Era una lección sobre la misericordia y la gracia de Dios, quien da la salvación a los que la piden, no por las obras que puedan hacer.

EL HIJO PERDIDO

Esta historia, conocida como parábola del hijo pródigo, habla de un padre rico cuyo hijo se va de casa y gasta su dinero haciendo maldades. Cuando reconoce que ya no puede caer más bajo, el hijo regresa a casa y le pide a su padre que lo perdone. El padre le da la bienvenida a casa, lo abraza y le hace una fiesta. Esta parábola enseña acerca del gran amor y perdón de Dios Padre para todos.

◄ *Cuando estaba lejos de casa, el hijo perdido tenía tanta hambre que comía algarrobas como estas que se daban a los cerdos.*

PARÁBOLA DE LA FIESTA DE BODAS

En esta parábola, un rey prepara un banquete de bodas para su hijo. Las personas a las que invita se niegan a asistir, así que invita a cualquiera que venga. Esta parábola enseña que Dios invita a todos a ser salvos, pero solo aquellos que acepten esta invitación y elijan arrepentirse vivirán en el cielo con él.

► *En los tiempos bíblicos, las fiestas de bodas duraban siete días.*

PARÁBOLA DEL TRIGO

Jesús contó una historia sobre un agricultor que plantó trigo. Entró un enemigo y sembró cizaña en el mismo campo. Esta parábola enseña que Satanás seguirá haciendo el mal aquí mientras estén los seguidores de Jesús.

¿Lo sabías?

Una de las parábolas más famosas de Jesús es la del buen samaritano. En ella, los ladrones golpearon a un hombre que viajaba a Jericó. Lo dejaron junto al camino casi muerto. Primero pasó un sacerdote judío, luego un levita. Ninguno de los dos se detuvo. Pero un samaritano se detuvo para ayudar al viajero, lo llevó a una posada y pagó para que lo cuidaran. ¿Qué lección enseñaba esta parábola? Amarás a tu prójimo como a ti mismo. Para aprender más sobre esta parábola, lee Lucas 10.25-37.

▲ *Esta antigua posada se encuentra en el mismo camino a Jericó que aparece en la parábola del buen samaritano.*

Había algo diferente en Jesús. Enseñaba con gran autoridad, hacía milagros, e incluso resucitó a algunos de entre los muertos. Debido a sus milagros, mucha gente creyó que Jesús era el Mesías. Pero muchos otros no lo hicieron. Llenos de rabia, algunos grupos de líderes religiosos se rasgaban sus ropas cada vez que Jesús afirmaba ser Dios. En su opinión, esto era una blasfemia.

▶ *Este mapa muestra la región de Galilea, donde Jesús realizó su primer milagro público.*

EL PRIMER MILAGRO

Jesús asistió a una boda en Caná con sus discípulos. Su madre y sus hermanos también estaban allí. Cuando el anfitrión se quedó sin vino, María se lo dijo a Jesús y él les dijo a los sirvientes que llenaran de agua seis tinajas de piedra. Cuando se lo sirvieron a los invitados, vieron que Jesús había convertido el agua en vino. Debido a este primer milagro, sus discípulos comenzaron a creer en él.

TORMENTA

Una vez, cuando los discípulos navegaron con Jesús a través del mar de Galilea, una fuerte tormenta amenazó con ahogarlos. Jesús ordenó que se detuviera la tormenta. Instantáneamente, todo estaba quieto. ¿Quién era este hombre llamado Jesús? Hasta los vientos y las olas lo obedecían.

MANUSCRITO ANTIGUO

Mateo, Marcos, Lucas y Juan son los libros de la Biblia conocidos como Evangelios. Dos de ellos, Mateo y Juan, son testigos presenciales de la obra de Jesús. Aquí se muestra el fragmento más antiguo que existe de los Evangelios. Es parte del libro de Juan y se remonta a los años 125-130 A.D. aproximadamente.

▲ *Aquí se ve la tumba de Lázaro hoy en día.*

LA TUMBA DE LÁZARO

El amigo de Jesús, Lázaro, había muerto. Para cuando Jesús llegó allí, Lázaro llevaba enterrado cuatro días. Al llegar, Jesús se puso de pie junto al sepulcro y gritó: «¡Lázaro, sal fuera!». Todos se sorprendieron al ver a Lázaro salir de la tumba, todavía envuelto en vendas.

◥ *El pez que pescó Pedro pudo ser de esta especie, la tilapia.*

EL IMPUESTO DEL TEMPLO

Pedro se acercó a Jesús preocupado por el pago del impuesto del templo. Jesús le dijo que fuera a pescar un pez. ¿Qué encontró Pedro en la boca del pez? Una moneda de cuatro dracmas, suficiente para pagar su impuesto y el de Jesús.

PROBLEMAS EN SÁBADO

Aquí vemos (izquierda) una maqueta de los estanques gemelos de Betzatá. Fue aquí, en sábado, donde Jesús sanó a un hombre paralítico desde hacía 38 años. Jesús le dijo que tomara su camilla y caminara. Así lo hizo el hombre. Sin embargo, llevar una camilla en sábado iba contra la ley judía. Así que, cuando los líderes judíos se enteraron de esto, se enfurecieron porque Jesús había realizado esta buena acción el sábado.

¿Lo sabías?

Los cuatro Evangelios cuentan el milagro de Jesús al alimentar a 5.000 personas con solo cinco panes y dos peces. Cuando terminaron, recogieron doce canastas de sobras.

Dios había prometido enviar a su Hijo, el Mesías, para salvar al mundo. Jesús sabía que este era su propósito en la tierra. Había estado diciendo a sus discípulos que se prepararan para ello. Jesús se unió a la multitud que iba a Jerusalén para la Pascua. Fue directo a las manos de los jefes de los sacerdotes y fariseos que habían ordenado su arresto.

INFORME PRESENCIAL

Mateo escribió en su Evangelio sobre el día en que Jesús entró en Jerusalén justo antes de la Pascua. Cuenta que, cuando Jesús se acercó a la santa ciudad, comenzó a llorar por ella. Jesús se sintió triste porque muchos de los suyos no lo reconocían como su Mesías.

▲ *Maqueta de Jerusalén*

HERODES EL GRANDE

La Jerusalén de los días de Jesús estaba fuertemente influenciada por Herodes el Grande, que reinaba cuando nació Jesús. Herodes había hecho grandes gastos para construir proyectos en toda la ciudad, como su propio palacio, la Fortaleza Antonia y un teatro de estilo griego. La obra cumbre de Herodes fue la reconstrucción y ampliación del magnífico templo judío.

◀ *Aquí vemos el muro occidental del área del templo en la ciudad antigua de Jerusalén .*

▲ *Panorámica del palacio de Herodes, situado en la ciudad al oeste del templo.*

¿Lo sabías?

Las multitudes de Jerusalén oyeron que Jesús venía a la ciudad, montado en un pollino. Cortaron ramas de palma y se apresuraron a saludarlo. «¡Hosanna!», gritaban, tirando sus ramas al suelo ante él. Otros extendieron sus mantos por el camino. «¡Bendito sea el rey de Israel!», clamaban. Hoy, este importante evento se celebra como Domingo de Ramos. Para saber más sobre lo que sucedió en este día especial, lee Mateo 21.1-17.

▲ *Celebración del Domingo de Ramos en Jerusalén.*

LA TUMBA DE HERODES

Herodes el Grande murió en el 4 A.C. Se repartió el territorio de Israel entre sus hijos. Esta imagen muestra la tumba de la familia Herodes en Jerusalén.

GUARNICIÓN ROMANA

El rey Herodes construyó la Fortaleza Antonia, un enorme cuartel donde vivían las tropas romanas en la ciudad de Jerusalén. Estaba situado justo al lado del templo para que los soldados pudieran estar atentos a cualquier problema que pudiera amenazar el gobierno de Roma.

▼ *Este cuadro de 1892 de Enrique Simonet muestra a Jesús llorando por Jerusalén.*

Era el año 30. Roma gobernaba el mundo. Sin embargo, en las calles de Jerusalén muchos repetían el nombre de Jesús. Los jefes de los sacerdotes y los líderes de los judíos estaban asustados. Los soldados romanos liquidaban cualquier amenaza contra su emperador. ¿Y si Roma oía hablar de este hombre, Jesús? ¿Derribarían el templo y destruirían Jerusalén y la nación judía? Los líderes de los judíos decidieron que era hora de actuar.

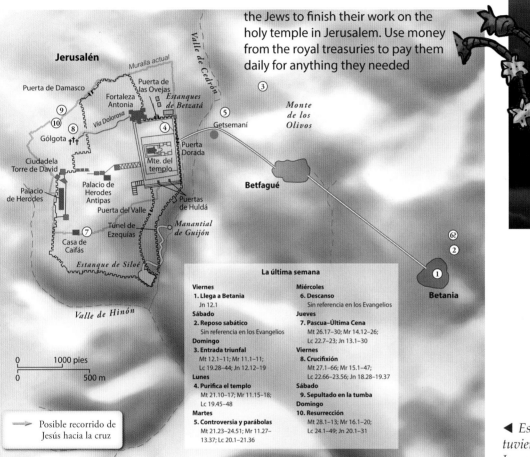

the Jews to finish their work on the holy temple in Jerusalem. Use money from the royal treasuries to pay them daily for anything they needed

Jerusalén

Puerta de Damasco
Puerta de las Ovejas
Muralla actual
Valle de Cedrón
Fortaleza Antonia
Estanques de Betzatá
③
⑨
Vía Dolorosa
⑤
Getsemaní
Monte de los Olivos
⑩ ⑧
④
Gólgota
Puerta Dorada
Ciudadela Torre de David
Mte. del templo
Betfagué
Palacio de Herodes Antipas
Palacio de Herodes
Puerta del Valle
Puertas de Huldá
Túnel de Ezequías
Manantial de Guijón
⑥?
②
⑦
Casa de Caifás
①
Estanque de Siloé
Betania

Valle de Hinón

0   1000 pies
0   500 m

→ Posible recorrido de Jesús hacia la cruz

La última semana

Viernes
1. Llega a Betania
  Jn 12.1
Sábado
2. Reposo sabático
  Sin referencia en los Evangelios
Domingo
3. Entrada triunfal
  Mt 12.1–11; Mr 11.1–11;
  Lc 19.28–44; Jn 12.12–19
Lunes
4. Purifica el templo
  Mt 21.10–17; Mr 11.15–18;
  Lc 19.45–48
Martes
5. Controversia y parábolas
  Mt 21.23–24.51; Mr 11.27–
  13.37; Lc 20.1–21.36

Miércoles
6. Descanso
  Sin referencia en los Evangelios
Jueves
7. Pascua–Última Cena
  Mt 26.17–30; Mr 14.12–26;
  Lc 22.7–23; Jn 13.1–30
Viernes
8. Crucifixión
  Mt 27.1–66; Mr 15.1–47;
  Lc 22.66–23.56; Jn 18.28–19.37
Sábado
9. Sepultado en la tumba
Domingo
10. Resurrección
  Mt 28.1–13; Mr 16.1–20;
  Lc 24.1–49; Jn 20.1–31

◥ *Probablemente se usó un azote romano para azotar a Jesús antes de que muriera en la cruz.*

◀ *Este mapa muestra los sitios donde tuvieron lugar los eventos clave en Jerusalén durante los últimos días de Jesús.*

UN JARDÍN ESPECIAL

Después de la cena de Pascua, Jesús llevó a 11 de sus discípulos a un olivar cercano, el huerto de Getsemaní. Mientras ellos dormían, Jesús pasó la noche en oración. Sabía que era la voluntad de Dios que fuera a la cruz. Se le apareció un ángel para darle fuerzas. Se levantó y llamó a sus discípulos. Había llegado el momento.

◀ *Los olivares de la ubicación tradicional de Getsemaní tienen árboles de 900 años de antigüedad.*

PAGA DE MUERTE

Después de la cena de Pascua, Judas Iscariote dejó a Jesús y fue a ver a los jefes de los sacerdotes. Judas se encontró con Jesús y los demás discípulos en el huerto con una multitud de oficiales judíos y soldados portando antorchas, linternas y armas. Arrestaron a Jesús y lo ataron.

EL GÓLGOTA Y LA CRUZ

Allí estaba, clavado en una cruz romana y deshonrado, entre dos criminales. Con la sangre inocente que derramó, Jesús nos salvó del pecado. Las palabras de Juan el Bautista se habían hecho realidad. «¡Aquí tienen al Cordero de Dios, que quita el pecado del mundo!».

▲ *Judas Iscariote recibió 30 piezas de plata de los sacerdotes como pago por ayudarlos a encontrar y arrestar a Jesús.*

¿Lo sabías?

Jesús comió la Pascua con sus discípulos, en lo que conocemos como la Última Cena. Muchos creyentes hoy participan en una ceremonia llamada comunión, en la cual comen pan y beben vino o jugo de uva para recordar a Jesús, la Última Cena y su sacrificio en la cruz.

LA TUMBA DEL HUERTO

Pilato dio permiso para que José de Arimatea enterrara a Jesús. Según la tradición, esta era la tumba de José.

Hacía tres días que Jesús había sido crucificado y sepultado. Pilato había dado órdenes estrictas de que el sepulcro fuera sellado, así que se colocó una piedra pesada en la entrada. Los guardias estaban apostados para vigilar. Pero ahora ¿qué estaba pasando? Todo lo que quedaba era una tumba vacía.

¿VERDAD O MENTIRA?

El domingo, temprano, unos guardias de la tumba de Jesús fueron a decirles a los jefes de los sacerdotes que Jesús no estaba. Estos les pagaron para que difundieran la mentira de que los discípulos robaron el cuerpo. Cuando las mujeres y otros seguidores llegaron a la tumba, estaba vacía, pero un ángel les dijo la verdad: Jesús ha resucitado.

◄ *Esta tumba antigua tiene una gran piedra circular que se rueda y la cierra para protegerla de animales y ladrones.*

¿Lo sabías?

El día de la crucifixión de Jesús, Nicodemo tomó una mezcla de especias funerarias para ungir su cuerpo. Como era rico, tenía unas 75 libras de mirra y áloe para envolver el cuerpo con cintas de lino, según las costumbres funerarias judías.

EL MONTE DE LOS OLIVOS

Después de continuar enseñando a sus discípulos e instruyéndolos a difundir el evangelio en el mundo, Jesús regresó al cielo después de cuarenta días. Él y sus discípulos se reunieron en el monte de los Olivos. Mientras sus seguidores observaban, Jesús fue llevado al cielo. Esto se conoce como la ascensión.

HABLANDO CON JESÚS

Tras encontrarse con las mujeres junto a la tumba, Jesús se apareció a dos de sus seguidores en el camino a Emaús. Ellos no lo reconocieron hasta que se sentaron a comer juntos. Entonces Jesús desapareció. Estaban tan emocionados que regresaron corriendo a Jerusalén para decírselo a los demás. Cuando llegaron, vieron que Jesús también se le había aparecido a Pedro.

LA PUERTA ESTE

La Puerta Este de Jerusalén fue sellada por los árabes en la época medieval para tratar de impedir que Jesús regresara. Esto se debe a que el profeta Ezequiel profetizó que el Mesías regresaría un día al templo por la puerta que da al este.

UN GRAN GOZO

Por la mañana temprano, al tercer día tras la crucifixión de Jesús, María Magdalena, María la madre de Jesús, y Juana trajeron más especias para ungir su cuerpo. Sin embargo, encontraron a Jesús resucitado. Cayeron a sus pies y lo adoraron con alegría. Jesús los saludó y les dijo: «No tengan miedo [...]. Vayan a decirles a mis hermanos que se dirijan a Galilea, y allí me verán».

EL MESÍAS

Los discípulos no eran eruditos de las Escrituras como lo eran los ancianos judíos. Así que, mientras estaban en la tierra, Jesús les enseñó acerca de todas las Escrituras del Antiguo Testamento y las profecías concernientes al Mesías. Jesús les mostró cómo cumplió cada una de ellas. Durante los cuarenta días que estuvo en la tierra después de la resurrección, Jesús se apareció a sus seguidores y les enseñó aún más. Luego les dijo que esperaran en Jerusalén el don del Espíritu Santo. Recibirían poder para enseñar al mundo lo que aprendieron.

HIJO DE DAVID

Dios le prometió al rey David que el Mesías sería uno de sus descendientes (Salmos 89.3-4). Jesús nació en el linaje real de David (Lucas 3.23-38).

▶ *Versión ilustrada del Árbol de Isaí, el árbol genealógico de Cristo, comenzando con Isaí y su hijo el rey David.*

JUNTO AL MAR DE GALILEA

Cuando comenzó su ministerio, Jesús vivía en Capernaúm, cerca del mar de Galilea. Así se cumplieron las palabras del profeta Isaías: «pero en el futuro honrará a Galilea, tierra de paganos, en el camino del mar, al otro lado del Jordán» (Isaías 9.1-2).

◀ *Panorámica de las excavaciones de las ruinas de Capernaúm. La sinagoga donde Jesús predicó está al fondo.*

NACIDO EN BELÉN

El profeta Miqueas dijo que el Mesías nacería en Belén (Miqueas 5.2). Jesús nació en Belén, y allí fue acostado en un pesebre (Lucas 2.1-7 y Mateo 2.1-8).

▲ *Pesebre de piedra encontrado en Meguido.*

LLAMADO NAZARENO

Un profeta desconocido dijo que el Mesías vendría de la ciudad de Nazaret. Jesús regresó del exilio en Egipto con su familia y creció en Nazaret (Mateo 2.19-23).

▶ *Restos de una casa del siglo I descubierta en Nazaret, con la iglesia de la Natividad al fondo.*

NACIDO DE UNA VIRGEN

El profeta Isaías dijo que el Mesías nacería de una virgen (Isaías 7.14). María, la madre de Jesús, era virgen y aún no estaba casada cuando quedó embarazada por el poder del Espíritu Santo para tener a Jesús (Lucas 1.26-38).

¿Lo sabías?

El rey David dijo que el Mesías tendría celo por la casa de Dios (Salmos 69.9) Una vez, cuando Jesús fue al templo, vio que estaban vendiendo ganado y ovejas en los atrios como si fuera un mercado. Jesús se hizo un látigo y los echó a todos. Para saber más sobre Jesús y su celo por el templo, lee Juan 2.13-17.

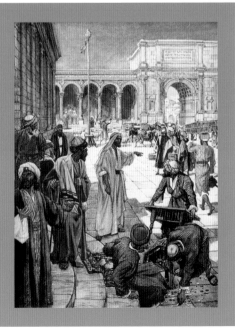

¿CÓMO SE INICIÓ LA IGLESIA?

En el momento en que Jesús ascendió al cielo, había unos 120 creyentes, incluidos María, la madre de Jesús, los hermanos de Jesús, los 11 discípulos que quedaban y Matías, elegido para sustituir a Judas. Se quedaron en un aposento alto en Jerusalén y esperaron, tal como Jesús les dijo.

PENTECOSTÉS

Era Pentecostés, judíos de todo el Imperio romano habían viajado a Jerusalén para celebrarlo. Esta fiesta llegaba cincuenta días (siete semanas) después de la Pascua, y se conocía también como fiesta de las Semanas. Los judíos devotos traían ofrendas al templo. Según la tradición, era también una celebración del día en que Moisés recibió los Diez Mandamientos.

▲ La tradición dice que esta sala está cerca del aposento alto original donde se reunió por primera vez la iglesia.

NACIMIENTO DE LA IGLESIA

El día de Pentecostés, los creyentes estaban reunidos en el aposento alto. De repente, el estruendo de un viento fuerte rugió desde el cielo y llenó la casa. Apareció fuego en el aire, que se dividió, dejando una lengua de fuego posada sobre cada uno de los creyentes. Todos fueron llenos del Espíritu Santo. Comenzaron a hablar de las maravillas de Dios en diferentes idiomas que no conocían. El ruido era tan fuerte que la multitud vino corriendo. Judíos de todo el imperio escucharon alabanzas a Dios en su propio idioma. Pedro se levantó y explicó que Jesús era el Mesías y que los había bautizado ese día con el poder del Espíritu Santo. Alrededor de 3.000 judíos más fueron bautizados ese día. Para saber más sobre Pentecostés, lee Hechos 2.1-12.

▶ El Consejo (Sanedrín) era un grupo de líderes judíos que se reunían en Jerusalén y ejercían como tribunal de justicia.

Sumo Sacerdote
35 miembros
Acusado
35 miembros
Secretario

JOSEFO, SOBRE SANTIAGO

El historiador judío Josefo cuenta cómo Santiago, el hermano de Jesús y líder de la iglesia primitiva, fue martirizado alrededor del 61 A.D. Esto lo hizo el sumo sacerdote Ananías, un miembro de los saduceos. En sus escritos, Josefo dice que Ananías «reunió al Consejo de los jueces, y trajo ante ellos al hermano de Jesús, llamado el Cristo, que se llamaba Santiago, y algunos otros,[o, algunos de sus compañeros]; y formó una acusación en contra de ellos por violar la ley y los entregó para que los apedrearan».

▲ El Nuevo Testamento tiene dos cartas de Pedro. Esta es una copia de su segunda carta, datada en torno al año 200 A.D.

Mapa

Roma (13)
Mar Negro
Mar Caspio
PONTO (7)
CAPADOCIA (6)
ASIA (8)
FRIGIA (9)
PANFILIA (10)
Imperio parto (1)
Mesopotamia (4)
R. Tigris
Ecbatana
Media (2)
Creta (14)
Mar Mediterráneo
Cirene
(12) CIRENE
Jerusalén
R. Eufrates
Susa
Elam (3)
JUDEA (5)
(11)
EGIPTO
R. Nilo
Mar Rojo
ARABIA (15)

ASIA –Provincias del Imperio romano
Media –Provincias del Imperio parto
Roma –Ciudades
Creta –Isla
(1) (2) (3) etc. –Los números indican la secuencia de Hch 2.9–11

300 km
300 mi

EL PRIMER MÁRTIR

Los líderes judíos creían haberse librado de Jesús. Pero ahora sus seguidores continuaban su ministerio: curaciones milagrosas, enseñanzas poderosas, una multitud entusiasmada. Los apóstoles fueron arrestados, encarcelados y golpeados, pero no se detenían. Al final, los líderes judíos capturaron a Esteban, lo juzgaron ante el Consejo y se tomaron la justicia por su mano, matándolo a pedradas.

▲ *Este complejo monástico dominico, justo fuera de las murallas de la Ciudad Vieja de Jerusalén, fue construido en el siglo IV y dedicado a Esteban.*

¿Lo sabías?

Pedro se hospedaba en Jope en una casa probablemente muy parecida a esta. Un día subió a la azotea a orar. Estando allí, recibió una visión que lo llevó a ir a Cesarea para compartir el evangelio con un hombre llamado Cornelio. Para saber más sobre los hechos milagrosos que sucedieron, lee Hechos 10.1-48.

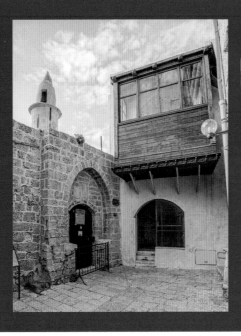

PERSECUCIÓN EXTREMA

Moneda con el perfil de Nerón, quinto emperador de Roma. Los cristianos, entre ellos Pedro y Pablo, líderes de la iglesia primitiva, sufrieron una cruel y horrible persecución bajo su mandato.

Los judíos se reunían en Jerusalén para adorar en su amado templo. Pero, con el auge del Imperio romano, Jerusalén ya no era solo la ciudad santa de los judíos, era también una importante fortaleza para el dominio romano. Herodes construyó su palacio dentro de Jerusalén para poder reinar sobre la ciudad. Construyó la Fortaleza Antonia para detener rápidamente cualquier alzamiento religioso contra Roma. Para el entretenimiento, construyó un enorme teatro romano y un hipódromo.

▼ *Roma patrullaba el Mediterráneo en poderosos barcos de guerra como este.*

▲ *Réplica de una catapulta romana usada alrededor del año 67 A.D.*

▶ *En esta lámpara de aceite, un auriga romano corre con sus caballos hacia la línea de meta.*

ARCO DE TITO

El arco de Tito se construyó en Roma para celebrar la caída de Jerusalén. Tallada en el arco se ve una menorá gigante portada por las calles de Roma durante el desfile de la victoria.

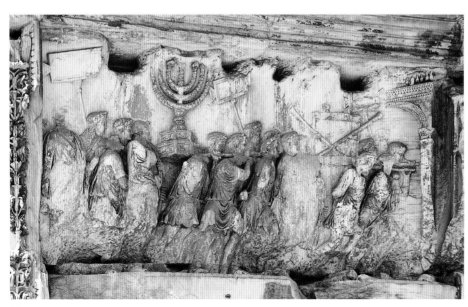

EL TEMPLO, DESTRUIDO

En el año 70 A.D., el general romano Tito destruyó Jerusalén e incendió el templo. Hoy en día todavía se pueden ver las enormes rocas que lanzaron y que cayeron en el lado suroeste del monte del templo. Son un recordatorio de la predicción de Jesús: «¿Ven todo esto? Les aseguro que no quedará piedra sobre piedra, pues todo será derribado» (Mateo 24.2).

CESAREA MARÍTIMA

Para traer el mundo romano a Judea, Herodes el Grande necesitaba un puerto protegido. Construyó uno en Cesarea Marítima, en la costa mediterránea. Apilando enormes bloques de mortero, hicieron un rompeolas para que los barcos atracaran con seguridad. Los barcos comerciales llegaban con mercancías exóticas del norte de África, España y Roma. Gracias al diseño de Herodes, la ciudad también tenía alcantarillado, acueductos y magníficos edificios que competían con los de Roma.

¿Lo sabías?

El dominio romano se había vuelto insoportable y los judíos comenzaron a rebelarse. Se hicieron con Jerusalén y establecieron un gobierno judío. Pronto las tropas romanas entraron para recuperar el país para el emperador.

▲ *Esta brecha en la muralla de Gamla la hicieron soldados romanos en el 66 A.D.*

HIPÓDROMO

A los romanos les encantaban los juegos. Por eso Herodes construyó un hipódromo romano en un valle al sur del monte del templo. La multitud se reunía allí para ver a los aurigas corriendo por la pista, así como las luchas de los gladiadores.

En los tiempos del Nuevo Testamento, había tres grupos judíos principales: los fariseos, los saduceos y los esenios. El grupo más importante era el de los fariseos. Desarrollaron una extensa lista de tradiciones y leyes orales que no estaban escritas en la ley original de Moisés. Los saduceos eran sacerdotes ricos que venían de familias de clase alta. Solo seguían la ley escrita de Moisés. Los esenios eran el grupo más pequeño y generalmente vivían juntos en comunidades muy unidas. Ellos siguieron sus propias reglas muy estrictas y en su mayoría no se casaron. Muchos estudiosos creen que los esenios vivían cerca de las cuevas de Qumrán e hicieron los Rollos del Mar Muerto.

FLAVIO JOSEFO

El historiador judío Josefo (nacido en Jerusalén hacia el 37 A.D.) fue testigo presencial de importantes acontecimientos en el Israel del primer siglo. Sus escritos proporcionan un valioso recurso para la historia judía.

◄ *Josefo era sacerdote y miembro de los fariseos.*

▲ *Estas son las puertas de Huldá ubicadas en el extremo sur del monte del templo. El Consejo (sanedrín) probablemente entró al templo por estas puertas. Entre los miembros del Consejo había tanto fariseos como saduceos.*

MURO OESTE (DE LOS LAMENTOS)

Jesús predijo la destrucción del templo, aunque sucedió 40 años después de su muerte y resurrección. Esta sección de los cimientos del muro occidental en Jerusalén es todo lo que quedó. Anteriormente llamado Muro de las Lamentaciones, es un lugar que mucha gente visita para orar y llorar abiertamente por la destrucción del templo.

CÚPULA DE LA ROCA

Los romanos destruyeron el magnífico templo en el 70 A.D. Algunos afirman que cierto hueco rectangular tallado en el lecho de roca es el lugar donde donde estuvo el arca del pacto. Este lecho de roca está dentro de la Cúpula de la Roca, un santuario musulmán construido en el monte del templo.

▲ Las piscinas judías para el baño ceremonial se llaman mikveh.

BAÑOS RITUALES

Estos peldaños conducían a un estanque en el extremo sur del monte del templo. En estos baños cubiertos se hacían lavamientos religiosos y ritos de purificación. Los sacerdotes se daban un baño ritual antes de participar en las tareas del templo.

▲ Esta caja, llamada osario, contenía los huesos de Caifás, sumo sacerdote del Consejo (sanedrín), durante el juicio de Jesús. Caifás era saduceo.

▲ El patio de enfrente del templo es donde los sacerdotes oficiaban los sacrificios y ofrendas.

¿Lo sabías?

Con más de 6.000 miembros, los fariseos eran el grupo de líderes judíos más grande e influyente. Se quejaban de que Jesús y sus discípulos no seguían todas las tradiciones judías. Para saber más sobre lo que Jesús les dijo a los fariseos, lee Mateo 23.1-39.

A Saulo, un destacado fariseo, no le gustaba que la iglesia primitiva se fortaleciera. Saulo arrestó a los seguidores de Jesús en Jerusalén. Obtuvo permiso del sumo sacerdote para ir a Damasco y hacer lo mismo. No quería ningún cambio en las tradiciones judías. Pero algo sucedió. Al llegar a Damasco, ¡Saulo dijo que era creyente en Jesucristo! Había cambiado. Incluso se cambió el nombre por Pablo. Ahora era seguidor de Cristo, misionero y escritor de cartas bíblicas, y quería cambiar el mundo.

▲ *Esta pintura de Pablo que data del año 300 A.D. se halló en una cueva cerca de Éfeso.*

ÉFESO Y LA INDUSTRIA DE LOS ÍDOLOS

Una gran parte del ministerio de Pablo se realizó en Éfeso. Éfeso era un centro de adoración del ídolo de Artemisa. En esta ciudad se alzaba un magnífico templo de Artemisa. Un día estalló en el teatro un violento motín contra Pablo y los cristianos. Demetrio, un platero, acusó a Pablo de arruinar el negocio de fabricación de ídolos, que daba mucha prosperidad a los efesios. Se habían hecho cristianos tantos gentiles que ya casi nadie comparaba ídolos.

CIUDADANO ROMANO

Pablo nació teniendo la ciudadanía romana. Era un privilegio y un honor que no todos tenían; había que ganárselo y no era fácil. Por ejemplo, el marinero mencionado en las líneas de esta pieza de bronce (arriba) del 79 A.D. no recibió este certificado de ciudadanía romana hasta que sirvió 25 años en la marina romana.

▲ *Fue aquí en Antioquía, en Siria, donde los seguidores de Cristo fueron llamados por primera vez cristianos.*

ANTIOQUÍA

Varios años después de la conversión de Pablo, Bernabé le pidió que se uniera a él en Antioquía para ayudar a enseñar las Escrituras a estos nuevos creyentes, que en su mayoría eran gentiles.

VIAJES PELIGROSOS

Los tres viajes misioneros de Pablo fueron peligrosos. En muchas ciudades, los jefes de los judíos levantaron multitudes violentas contra él. Cuando curó a un cojo en Listra, lo apedrearon hasta darlo por muerto. En Filipos, Pablo y Silas fueron arrestados, azotados y encarcelados. Pese a estas y otras dificultades, Pablo y sus compañeros plantaron nuevas iglesias, formaron a otros para liderarlas y siguieron difundiendo las buenas nuevas de la salvación en Jesucristo.

¿Lo sabías?

Saulo iba a Damasco para arrestar a los miembros de la iglesia primitiva. De repente, una luz brillante lo deslumbró desde el cielo. Cegado, Saulo cayó al suelo. Jesús se le apareció y le habló. Luego, Saulo fue conducido a la ciudad a una casa en la calle Derecha, donde se le devolvió la vista y se unió a la iglesia. Para saber más sobre la conversión de Saúl, lee Hechos 9.1–31.

▲ *Pablo y Silas posiblemente fueron encadenados en esta cárcel de la ciudad de Filipos donde, gracias a una serie de hechos milagrosos, el carcelero y toda su familia se hicieron cristianos.*

◀ *Artemisa de Éfeso.*

▲ *En Damasco todavía existe la calle Derecha.*

▼ *Esta plataforma en Corinto era el bema, o asiento del juicio, donde Pablo fue juzgado.*

CORINTO Y JERUSALÉN

Pablo y otros misioneros, como Timoteo, Tito, Silas, Aquila y Priscila, establecieron una iglesia en la ciudad griega de Corinto, ubicada a unos 80 kilómetros de Atenas. Fue aquí donde Pablo fue llevado ante el tribunal de Roma. Galión, procónsul de la región, se negó a declarar a Pablo culpable de un crimen y lo dejó ir. Esta importante decisión legal le permitió a Pablo continuar su ministerio en Corinto. Al final de su tercer viaje misionero, Pablo dejó Corinto y regresó a Jerusalén.

A l final del tercer viaje misionero de Pablo, tenía una meta en mente: ir a Jerusalén para celebrar Pentecostés. Dios le advirtió a Pablo que le esperaba la prisión. Sus amigos le advirtieron que sería capturado por los judíos y entregado a los gentiles. Pero Pablo sabía que Dios quería que compartiese las buenas nuevas de Jesucristo. Puso su vida en las manos de Dios.

REVUELTA EN EL TEMPLO

Pablo llegó a Jerusalén con Lucas. Se reunieron con Santiago, Pedro y los otros apóstoles. Los líderes de la iglesia cristiana se regocijaron al escuchar acerca del ministerio de Pablo entre los gentiles. Unos días después, Pablo estaba en el templo. Lo sacaron a rastras y cerraron las puertas. Los judíos trataron de matarlo, pero las tropas romanas corrieron al lugar, arrestaron a Pablo y lo encadenaron.

Pablo naufragó cuando navegaba en un barco similar a este carguero.

APELACIÓN AL EMPERADOR

Pablo estuvo encarcelado dos años en Cesarea. Compareció en juicio ante varios gobernantes, entre ellos Félix, el gobernador romano, y el rey Agripa II, bisnieto de Herodes el Grande. Bajo amenazas de muerte del Consejo (sanedrín), Pablo finalmente declaró: «Apelo al emperador». Festo, el gobernador romano dijo: «¡Al emperador irás!». Así que enviaron a Pablo a Roma en un barco de carga que fue golpeado por una terrible tormenta y naufragó en la isla de Malta.

▼ *Roma en tiempos del Nuevo Testamento.*

Al Circo de Calígula y Nerón

Aqua Virgo — Muralla Serviana
Anfiteatro
Vía Pinciana
Aqua Marcia
Templo de Isis y Serapis
Anio Vetus
Baños de Nerón
Baños de Agripa
Teatro de Pompeya
Templo de Juno
Capitolina
Vía Labicana
Teatro de Balbo
Foro
Muralla Serviana
Palatino
Vía Aurelia
Palacios imperiales
Isla del Tíber
N
Templo de Júpiter
Aqua Appia
Circo Máximo
Vía Apia
Río Tíber
Teatro de Marcelo
TO: Vía Ostia

LA VÍA APIA

Finalmente, Pablo y sus compañeros llegaron a Roma. Los creyentes cristianos de la iglesia de Roma salieron a saludarlos. Caminaron por este camino, la Vía Apia. Animado por su cálida bienvenida, Pablo compartió su testimonio con ellos y los invitó a visitarlo.

CÁRCEL MAMERTINA

Fue aquí, en el calabozo de la cárcel mamertina, donde Pablo sufrió prisión por última vez. Murió como mártir en Roma, alrededor del año 67 A.D.

PERSECUCIÓN DESDE ROMA

Nerón fue emperador desde el 54 al 68 A.D. Pablo compareció ante él en juicio en el año 63 A.D. y probablemente fue liberado de la custodia en ese momento. En el 64 A.D., un incendio asoló Roma. Nerón fue acusado de iniciar el incendio él. Para librarse de la culpa, señaló a los cristianos como culpables. Esto dio inicio a una persecución de los cristianos. Según la tradición, Nerón hizo que tanto Pablo como Pedro fueran ejecutados por su fe.

¿Lo sabías?

Pablo fue encarcelado primero en Jerusalén, probablemente en la Fortaleza Antonia. Pero era demasiado peligroso tenerlo en Jerusalén, así que por la noche lo enviaron en secreto a Cesarea, que aparece en esta fotografía. Doscientos soldados romanos, 70 jinetes y 200 lanceros protegieron a Pablo durante el viaje. Cuando llegó a Cesarea fue puesto bajo vigilancia en el palacio de Herodes. Para saber más sobre el arresto y prisión de Pablo, lee Hechos 23.1-35.

La Biblia nos habla de Jesucristo y de la historia de la iglesia primitiva, pero no es solo un libro de historia. Es también un libro de fe. Entonces, ¿cómo llegó la Biblia hasta hoy? ¿Quién hizo posible que podamos leer lo que escribieron hace dos mil años y lo que Moisés escribió más de mil años antes?

◀ *Por causa de su fe, Juan fue desterrado como prisionero aquí en la isla de Patmos, donde escribió Apocalipsis.*

CARTAS Y VISIONES

El apóstol Pablo escribió cartas a las iglesias que estableció. Santiago, Judas, Pedro y Juan también escribieron cartas a grupos de cristianos. Además, hay consenso para afirmar que el discípulo Juan escribió Apocalipsis basándose en sus visiones. Todos estos escritos de los líderes de la iglesia primitiva, junto con los Evangelios y los Hechos, se escribieron en griego.

◥ *Escrito en griego sobre pergamino, el Códice Sinaítico es el manuscrito completo más antiguo que se conserva del Nuevo Testamento. También contiene parte del Antiguo Testamento.*

CÓDICES

En el siglo II A.D., los cristianos comenzaron a copiar las Escrituras en hojas planas. Los cristianos las doblaban y las unían por los lados. Este formato, llamado códice, era más fácil de llevar y leer que un voluminoso pergamino.

▲ *Este relieve muestra a un grupo de romanos leyendo pergaminos. Los libros originales de la Biblia se escribieron en pergaminos.*

ESCRIBAS DEL NUEVO TESTAMENTO

Por más de mil años, los libros del Nuevo Testamento se copiaron a mano. Cuando Constantino legalizó el cristianismo, muchos más escribas hicieron copias de la Biblia. En el siglo XI A.D., la mayoría de los monasterios y abadías tenían sus propios escribas.

▶ *Juan escribió en Apocalipsis que Jesús regresará a Jerusalén como rey victorioso.*

▲ *Judío devoto leyendo un rollo de la Torá.*

PRIMERA TRADUCCIÓN AL CASTELLANO

Casiodoro de Reina (1520-1594) fue un fraile español que, tras abrazar las doctrinas evangélicas, tuvo que huir de España para escapar de la Inquisición. En 1567, en Basilea (Suiza), comenzó su proyecto de publicar la primera Biblia en nuestra lengua, que apareció por fin en 1569.

◀ *En 1602, Cipriano de Valera publicó una revisión de la Biblia de Casiodoro de Reina, dando lugar a la primera Reina-Valera.*

BIBLIA HEBREA

En los días de Jesús, había tres tipos de Escrituras: la Ley, los Profetas y los Escritos. La Ley, o Torá, incluía desde Génesis hasta Deuteronomio. Los Profetas incluían desde Josué hasta 2 Reyes y profetas como Isaías y Jeremías. En los Escritos estaban algunos documentos redactados en una época posterior. Todas estas Escrituras de la Biblia hebrea son los 39 libros que conforman la parte de la Biblia cristiana conocida como Antiguo Testamento.

¿Lo sabías?

La primera traducción completa de la Biblia en nuestra lengua se conoce como Biblia del Oso porque en su portada aparece un oso junto a un panal de miel. Esta imagen era en realidad el logo de la imprenta que la publicó, pero a Casiodoro de Reina le gustó tanto que quiso que presidiera la portada, seguramente porque le recordaba, como a nosotros, lo que dice Salmos 119.103: «¡Cuán dulces son a mi paladar tus palabras! ¡Son más dulces que la miel a mi boca!».

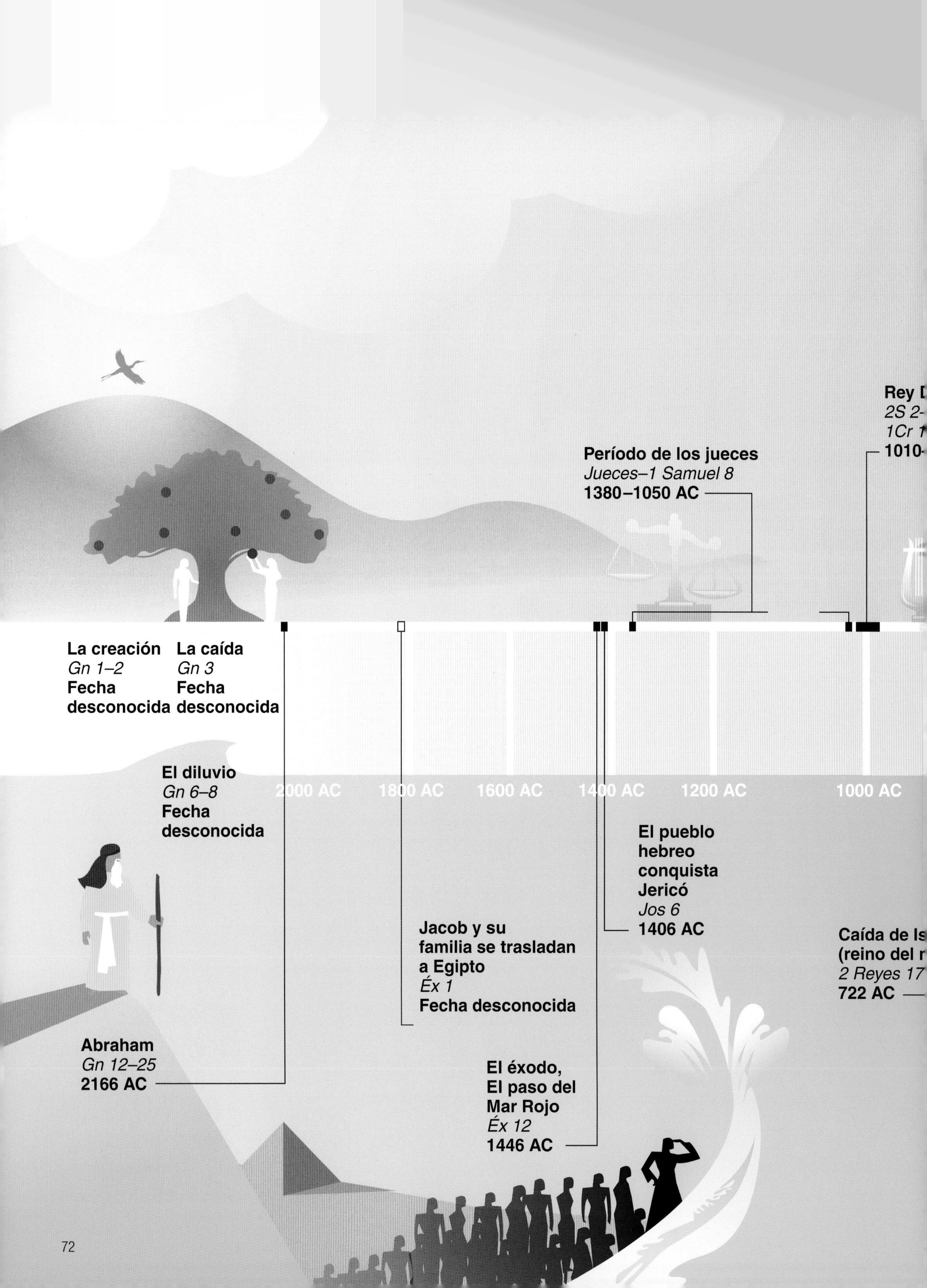

Rey D[...]
2S 2-[...]
1Cr [...]
1010-[...]

Período de los jueces
Jueces–1 Samuel 8
1380–1050 AC

La creación
Gn 1–2
Fecha desconocida

La caída
Gn 3
Fecha desconocida

El diluvio
Gn 6–8
Fecha desconocida

2000 AC	**1800 AC**	**1600 AC**	**1400 AC**	**1200 AC**		**1000 AC**

El pueblo hebreo conquista Jericó
Jos 6
1406 AC

Jacob y su familia se trasladan a Egipto
Éx 1
Fecha desconocida

Caída de Is[...]
(reino del r[...]
2 Reyes 17[...]
722 AC

Abraham
Gn 12–25
2166 AC

El éxodo, El paso del Mar Rojo
Éx 12
1446 AC

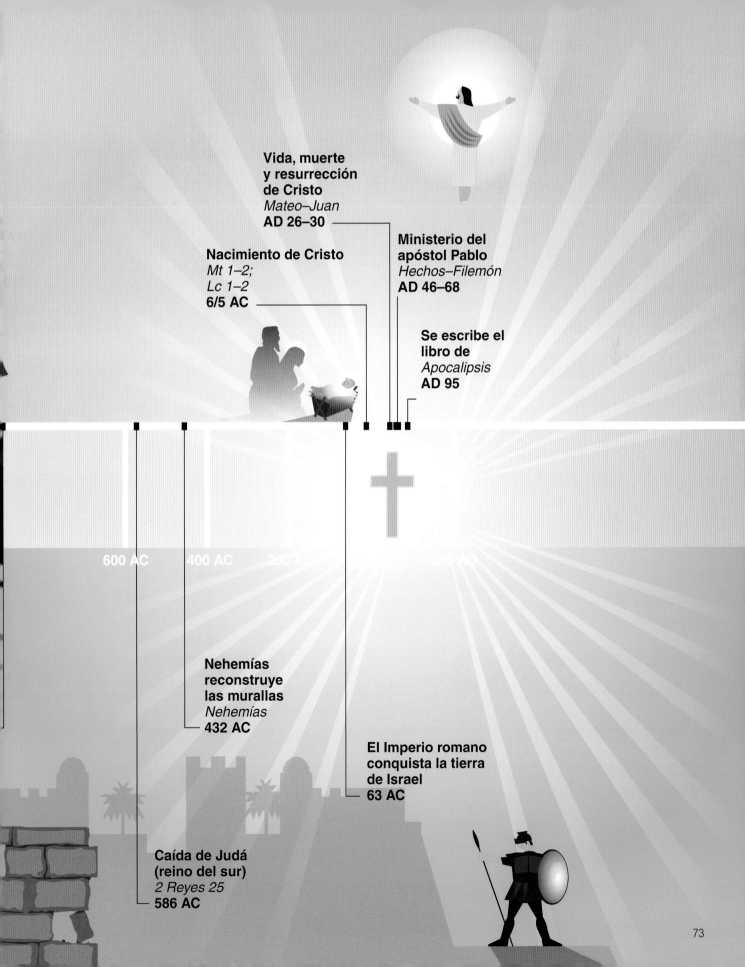

Vida, muerte y resurrección de Cristo
Mateo–Juan
AD 26–30

Ministerio del apóstol Pablo
Hechos–Filemón
AD 46–68

Nacimiento de Cristo
Mt 1–2;
Lc 1–2
6/5 AC

Se escribe el libro de *Apocalipsis* **AD 95**

600 AC   400 AC   200 AC   200 AD

Nehemías reconstruye las murallas
Nehemías
432 AC

El Imperio romano conquista la tierra de Israel
63 AC

Caída de Judá (reino del sur)
2 Reyes 25
586 AC

Aarón: Hermano de Moisés, primer sumo sacerdote de Israel.

Abraham: Padre de la nación judía, se trasladó de Ur a la tierra prometida, donde Dios hizo un pacto para bendecirlo y bendecir a todas las naciones a través de él.

Acab: Malvado rey de Israel, se casó con Jezabel y trató de cambiar la religión oficial por el culto a Baal.

Adán y Eva: El primer hombre y la primera mujer, desobedecieron a Dios y trajeron el pecado y la muerte a la creación perfecta de Dios.

Agar: Sierva egipcia de Sara, dio a luz al hijo de Abraham, Ismael.

Ana: Madre de Samuel, dedicó a su hijo al Señor.

Booz: Hijo de Rajab y de Salmón, fue descendiente de Rut y bisabuelo del rey David.

Dalila: Bella mujer filistea, engañó a Sansón para que le contara el secreto de su fuerza.

Daniel: Llevado en cautiverio por Nabucodonosor, designado para ocupar altos cargos por su sabiduría y don de interpretación de sueños.

David: Joven pastor de Belén que se convirtió en el segundo y más famoso rey de Israel; fue antepasado de Jesucristo.

Débora: Profetisa y jueza de Israel, juzgaba bajo una palmera donde la gente venía a ella para resolver sus pleitos.

Elías: Gran profeta de Israel, luchó contra el culto a Baal. Fue arrebatado al cielo en un carro de fuego.

Eliseo: Siguiente profeta de Israel después de Elías, ministró durante el reinado de seis reyes diferentes.

Esdras: Sacerdote y escriba, dirigió a un grupo de exiliados de Babilonia de regreso a Jerusalén y trabajó con Nehemías para enseñar a su pueblo la ley de Moisés.

Ester: Joven judía casada con el rey persa Jerjes. La fiesta de Purim celebra cómo protegió valientemente a su pueblo de un complot para destruir a todos los judíos.

Ezequías: Rey de Judá, lideró a los hebreos en una reforma nacional para volverse hacia Dios.

Ezequiel: Profeta judío que vivió en el exilio en Babilonia.

Gabriel: Ángel importante, entregó mensajes a Daniel y más tarde anunció el nacimiento de Juan el Bautista y el de Jesucristo.

Gedeón: Uno de los jueces de Israel, dirigió una campaña militar contra los madianitas.

Hageo: Profeta que animó a los israelitas a reconstruir el templo de Jerusalén.

Isaac: Hijo de Abraham y Sara, él y su esposa Rebeca tuvieron dos gemelos, Esaú y Jacob.

Isaías: Gran profeta que vivió en Jerusalén, profetizó la venida del Mesías.

Ismael: Hijo de Abraham que le nació de la criada de Sara, Agar.

Jacob: Hijo de Isaac y Rebeca, que luego se llamó Israel, sus doce hijos llegaron a ser las doce tribus de Israel.

Jeremías: Profeta de Judá, ministró durante las etapas finales de la conquista de Jerusalén por el Imperio babilonio.

Job: Hombre de mucha fe, pasó por un tiempo de gran sufrimiento para acercarse aún más a Dios.

Jonás: Profeta que fue tragado por un gran pez, más tarde entregó un mensaje de arrepentimiento a la ciudad de Nínive.

José: Vendido como esclavo por sus hermanos, ascendió hasta ser la mano derecha del faraón y salvó a su propia familia del hambre.

Josías: Rey de Judá que halló el libro de la ley y guio a su pueblo de regreso a Dios.

Josué: Ayudante de Moisés que guio a los israelitas en la entrada a la tierra prometida.

Lea: La primera esposa de Jacob, es conocida como una de las madres de las doce tribus de Israel.

Malaquías: Profeta de la época de Nehemías. Su libro es el último del Antiguo Testamento.

Mardoqueo: Primo y tutor de Ester. Cuando ya era reina le aconsejó que diera un paso al frente y pusiera de su parte para derribar el complot que pretendía destruir a los judíos.

María: Profetisa, hermana de Moisés y de Aarón.

Miguel: Conocido como arcángel, dirigió a los ángeles fieles contra Satanás y sus ángeles malvados.

Moisés: Educado en la corte del faraón, Moisés sacó a los hebreos de Egipto, entregó los Diez Mandamientos, construyó la Tienda de reunión y guio a los hebreos a la tierra prometida.

Nehemías: Gobernador de los judíos, lideró a su pueblo para reconstruir la muralla de Jerusalén.

Noé: El único hombre declarado justo en la tierra en tiempos antiguos. Construyó un arca para salvar a su familia y a los animales de un diluvio mundial enviado para borrar el pecado.

Oseas: Profeta de Israel, su matrimonio ilustró la relación infiel de Israel con Dios, así como el perdón y el amor de Dios por su pueblo.

Rajab: Cananea que vivía en la muralla de la ciudad de Jericó, se unió a la fe hebrea, se casó y tuvo un hijo llamado Booz. Entró en el linaje de Jesucristo.

Raquel: Segunda esposa de Jacob, conocida como una de las madres de las doce tribus de Israel.

Rebeca: Esposa de Isaac, madre de sus hijos gemelos Esaú y Jacob.

Reina de Sabá: Gobernante de un antiguo país, viajó a Jerusalén para presenciar la riqueza, el poder y la sabiduría del rey Salomón.

Rut: Viuda de Moab que adoptó la fe hebrea. Se fue a vivir a Belén, donde se casó con Booz y tuvo un hijo que fue el abuelo del rey David.

Sadrac, Mesac y Abednego: Tres jóvenes hebreos que sirvieron al rey Nabucodonosor en Babilonia.

Salomón: Hijo del rey David. Durante su reinado, construyó el templo de Jerusalén y adquirió fama por su gran sabiduría.

Samuel: El último juez de Israel y uno de sus primeros profetas, ungió a Saúl y a David como reyes de Israel.

Sansón: Juez de Israel, famoso por su fuerza, liberó a su nación de los filisteos.

Sara: Madre de la nación judía, se casó con Abram y tuvo un hijo llamado Isaac en su vejez.

Saúl: Primer rey de Israel, fue sustituido por David debido a su desobediencia a Dios.

Ana: Viuda anciana que adoraba en el templo día y noche, expresó cómo veía al Jesús recién nacido cuando sus padres lo trajeron al templo.

Ananías y Safira: Esposos en el grupo de primeros cristianos de Jerusalén, mintieron sobre la cantidad de dinero que estaban donando a la iglesia y murieron.

Andrés: Pescador, hermano de Pedro, fue uno de los 12 discípulos de Jesús.

Aquila y Priscila: Este matrimonio trabajaba fabricando tiendas de campaña; eran amigos y colaboradores de Pablo en la iglesia primitiva.

Bartimeo: Ciego que mendigaba a las puertas de Jericó; fue sanado por Jesús.

Bernabé: Creyente judío de Chipre, invitó a Pablo a trabajar con él en la iglesia primitiva de Antioquía, y viajó con él en su primer viaje misionero.

Caifás: Sumo sacerdote durante el falso juicio a Jesús por el sanedrín, persiguió a los miembros de la iglesia primitiva.

César Augusto: Gobernante del Imperio romano después de la muerte de Julio César. Ordenó el censo que envió a José y María a Belén, donde nació Jesús.

Cleofas: Uno de los dos discípulos que iban por el camino de Emaús, cuando Jesús resucitado se les apareció a él y a su compañero.

Cornelio: Centurión romano asentado en Cesarea, invitó a Pedro a compartir el evangelio con él, fue el primer gentil convertido por Pedro.

Crispo: Líder judío de la sinagoga de Corinto, se hizo cristiano después de escuchar la predicación de Pablo.

Dorcas: Resucitada por Pedro, su importante ministerio era tejer ropa para los necesitados.

Epafras: Fundador de la iglesia de Colosas, visitó a Pablo en Roma, donde fue encarcelado.

Esteban: Judío de habla griega que formaba parte de la iglesia primitiva en Jerusalén, fue el primer cristiano martirizado por su fe.

Eutico: Joven que se durmió en el alféizar de la ventana de un tercer piso mientras escuchaba a Pablo predicar; cayó al suelo y murió, pero Pablo le devolvió la vida.

Febe: Creyente que Pablo recomendó a los cristianos de Roma como amiga amable y servicial.

Felipe: Evangelista y líder de la iglesia primitiva de Jerusalén, fue uno de los elegidos para ayudar en el cuidado de las viudas y los ancianos.

Filemón: Miembro rico de la iglesia de Colosas, Pablo le pidió que perdonara a su esclavo fugitivo que se había convertido al cristianismo.

Herodes el Grande: Cruel gobernante de Judea durante el tiempo del nacimiento de Jesús, ordenó el asesinato de todos los niños pequeños de Belén en su esfuerzo por asesinar al rey recién nacido.

Jacobo/Santiago: Hermano de Juan, fue el primero de los 12 discípulos en ser martirizado por su fe.

Jesucristo: Nacido de una joven virgen llamada María, es el Mesías, el Salvador del Mundo.

José de Arimatea: Miembro rico del Consejo (sanedrín), enterró el cuerpo de Jesús en su propia tumba sin usar.

José: Descendiente del rey David, y carpintero, se casó con María, la madre de Jesús.

Juan el Bautista: Primo de Jesús, preparó a las multitudes para el ministerio de Jesús llamándolas a arrepentirse y ser bautizadas. También bautizó a Jesús.

Juan: Hermano de Santiago, fue uno de los 12 discípulos y se le atribuye haber escrito el Evangelio de Juan, tres cartas de la Biblia y probablemente Apocalipsis.

Judas Iscariote: Uno de los 12 discípulos, traicionó a Jesús ante los jefes de los sacerdotes de Jerusalén por 30 piezas de plata.

Judas: Hermano de Jesús, legó a ser líder de la iglesia primitiva y escribió el libro de Judas.

Lázaro: Amigo íntimo de Jesús y hermano de María y Marta, Jesús lo resucitó de entre los muertos.

Lidia: Rica comerciante que vendía telas de púrpura de su región, se hizo cristiana y abrió su casa como base de operaciones para Pablo y la iglesia de Filipos.

Lucas: Médico de profesión, fue un estrecho colaborador de Pablo en sus viajes y escribió el Evangelio de Lucas y los Hechos.

Marcos: Joven sobrino de Bernabé, tuvo alguna controversia con Pablo en su labor. Autor del Evangelio de Marcos.

María: Hermana de Lázaro y Marta que es recordada por sus actos de devoción hacia Jesús. Poco antes de su muerte, ungió los pies de Jesús con un perfume costoso y limpió sus pies con sus cabellos.

María, madre de Jesús: Se unió a los discípulos y otros creyentes en Jerusalén en los primeros días de la iglesia.

María Magdalena: Miembro de un grupo de mujeres que apoyaban a Jesús y a sus discípulos con dinero y comida, ella fue la primera en ver a Jesús después de que resucitara de entre los muertos.

Marta: Hermana de Lázaro y María de Betania, sirvió varias veces como anfitriona de Jesús y sus amigos.

Mateo: Recaudador de impuestos en Capernaúm, se convirtió en uno de los 12 discípulos de Jesús y escribió el Evangelio de Mateo.

Nicodemo: Fariseo y miembro del Consejo (sanedrín), era un seguidor secreto de Jesús que le ayudó en su entierro.

Pablo: Conocido como el apóstol de los gentiles, predicó por el Imperio romano en tres viajes misioneros, luego escribió cartas a las diferentes iglesias que plantó. Varias de estas cartas se convirtieron en libros de la Biblia.

Pedro: Pescador de Galilea, se convirtió en uno de los 12 discípulos y en un líder prominente de la iglesia primitiva.

Poncio Pilato: Gobernador romano de Judea, Jesús fue llevado a juicio ante él y sentenciado a muerte en la cruz a pesar de que Pilato declaró a Jesús inocente.

Rode: Joven que estaba en la casa de la madre de Marcos y le abrió la puerta a Pedro cuando este escapó de forma milagrosa de la cárcel, aunque estaba tan emocionada por compartir la noticia que dejó a Pedro parado en la calle.

Salomé: Madre de Jacobo y Juan de Galilea, se unió a otras mujeres para apoyar a Jesús y a sus discípulos con dinero y alimentos.

Santiago: Hermano de Jesús, se convirtió en el líder de la iglesia de Jerusalén y escribió el libro bíblico de Santiago.

Silas: Amigo íntimo y colaborador de Pedro y Pablo, viajó con Pablo en su segundo viaje misionero.

Simeón: Judío anciano y devoto, sostuvo al niño Jesús en sus brazos en el templo y proclamó que este niño era el Mesías que habían estado esperando.

Timoteo: Joven converso de Listra. Entrenado por Pablo, llegó a ser líder de las iglesias que Pablo había comenzado en ciudades como Berea, Tesalónica, Corinto y Éfeso.

Tito: Creyente griego que se convirtió en uno de los colaboradores más cercanos e influyentes de Pablo.

Tomás: Uno de los 12 discípulos, no creyó que Jesús había resucitado hasta que lo vio en persona.

Zacarías y Elisabet: Padres de Juan el Bautista, Zacarías era un sacerdote que servía en el templo de Jerusalén dos veces al año.

Zaqueo: Judío recaudador de impuestos en Jericó cuya vida cambió cuando conoció a Jesús. Recordado por trepar a un árbol para ver a Jesús mientras pasaba por la ciudad.

▶ Exploremos la Biblia

Arqueólogos — © 1995 por Phoenix Data Systems
Mapa con Qumrán — Mapa por International Mapping. Copyright © por Zondervan.
Qumrán, Cueva 4 — © SeanPavonePhoto/Shutterstock
Vasija de rollo del Mar Muerto — Copyright © 2008 por Zondervan
Imagen del rollo de Isaías — Wikimedia Commons
Punzón antiguo — The Schøyen Collection, Oslo y Londres, MS 5095/3
Persona haciendo papiro — © 1995 por Phoenix Data Systems

▶ ¿Qué ocurrió en el principio?

Sir Isaac Newton — Wikimedia Commons
Castillo de arena — © Krivosheev Vitaly/Shutterstock
Ibis negro — © maratr/Shutterstock
Mosaico del zodíaco hebreo — Z. Radovan/www.BibleLandPictures.com
Luz — © Brent Walker/Shutterstock
Agua y horizonte — © Andrii Muzyka/Shutterstock
Océano, tierra y plantas — PhotoDisc
Sol, luna y estrellas — PhotoDisc
Ave — © Panu Ruangjan/Shutterstock
Adán y Eva — © wjarek/Shutterstock
Dios descansando — Wikimedia Commons

▶ El paraíso en un jardín

Mapa — Mapa por International Mapping. Copyright © por Zondervan.
Río Éufrates — © silver-john/Shutterstock
Tablilla cuneiforme sumeria que menciona «edin» — Cortesía de Penn Museum, imagen #B2150
Montañas con tierra roja — © muratart/Shutterstock
Víbora cornuda — © Eric Isselee/Shutterstock

▶ Un barco, un diluvio y una promesa

Epopeya de Gilgamesh — Copyright © 2013 por Zondervan
Comparación de tamaño — Copyright © por Zondervan
Modelo del arca — © TTStock/Shutterstock
Jirafas — © pandapaw/Shutterstock
Íbices — © Rostislav Glinsky/Shutterstock
Monte Ararat — Serouj Ourishian/Shutterstock, CC BY 3.0
Arcoíris — Digital Stock
Zigurat — Wikimedia Commons

▶ ¿Cómo se convirtió una familia en nación?

Antiguo juego de Ur — Wikimedia Commons
Mosaico del rey de Ur — Geni/Wikimedia Commons, CC BY-SA 4.0
Casa típica de Ur — Copyright © por Zondervan
Mapa del viaje de Abraham — Mapa por International Mapping. Copyright © por Zondervan.
Tienda del desierto — Yeowatsup/Wikimedia Commons, CC BY 2.0
Pastor con ovejas — © Ronen Boidek/Shutterstock
Árboles genealógicos — © por Zondervan

▶ Problemas y plagas en Egipto

Funcionarios midiendo y anotando el grano — Z. Radovan/www.BibleLandPictures.com
Pintura de viajeros semitas en tumba en Beni Hassan — © Baker Publishing Group and Dr. James C. Martin
Gosén — © 1995 por Phoenix Data Systems
Secado de ladrillos — © Vladislav T. Jirousek/Shutterstock
Estatuas de Ramsés II y la reina — © Anton_Ivanov/Shutterstock
Enjambre de langostas rosadas cerca de El Cairo en 2004 — Aladin Abdel Naby/Reuters/Newscom
Faraón e hijo — Dominio público, cortesía de The Jewish Museum, Nueva York

▶ Tablas, el mar Rojo y un becerro de oro

Collar egipcio — © Baker Publishing Group y Dr. James C. Martin. Cortesía del British Museum, Londres, Inglaterra.
Infantería egipcia — © Baker Publishing Group and Dr. James C. Martin Cortesía del Egyptian Ministry of Antiquities y el Egyptian Museum, El Cairo.

Mte. Sinaí — © Igor Rogozhnikov/Shutterstock
Oasis de Mara — © 1995 por Phoenix Data Systems
Mapa de la ruta del éxodo — Mapa de International Mapping. Copyright © por Zondervan.
Becerro de oro — Kim Walton. The Israel Museum.
Maná — © por Zondervan

▶ La adoración en el desierto

Candelabro — © 2011 por Zondervan
Acacia — © slavapolo/Shutterstock
Modelo del arca — © 2011 por Zondervan
Sumo sacerdote — © por Zondervan
Lino antiguo — © Baker Publishing Group y Dr. James C. Martin Cortesía del Egyptian Ministry of Antiquities y el Egyptian Museum, El Cairo.
Vasija de alabastro — www.wellcomeimages.org/Wikimedia Commons, CC BY 4.0
Procesión del arca — Wikimedia Commons

▶ El tiempo de los jueces

Mapa de las 12 tribus — Mapa de International Mapping. Copyright © por Zondervan.
Palmera de dátiles — © gkuna/Shutterstock
Soldado filisteo — © BasPhoto/Shutterstock
Telar — Wikimedia Commons
Piedras de moler — © J.D. Dallet/age fotostock
Daga filistea — Todd Bolen/www.BiblePlaces.com, exhibida en el Israel Museum

▶ La vida en tiempos del Antiguo Testamento

Pastor con ovejas — © 2012 por Zondervan
Silo — © Robert Hoetink/Shutterstock
Ilustración de alimentos — © por Zondervan
Hombre aventando — David Dorsey/www.BiblePlaces.com
Prensa de olivas — www.HolyLandPhotos.org
Maqueta de antigua casa israelí de cuatro estancias — A. D. Riddle/www.BiblePlaces.com

▶ Gigantes en la tierra

Tablilla de Tel Dan — Kim Walton. The Israel Museum, Jerusalén.
Muchacho con ovejas — LOC, LC-DIG-matpc-02981
Honda y piedras de Laquis — William L. Krewson/www.BiblePlaces.com
Muchacho usando la honda — © por Zondervan
Mapa del reino de David — Mapa de International Mapping. Copyright © por Zondervan.
Manantial de Guijón — www.HolyLandPhotos.org
Armas de los primeros hebreos — Kim Walton. The Israel Museum, Jerusalén.

▶ Los años dorados de Israel

Templo de Salomón — © 2011 por Zondervan
Cedro del Líbano — © Sybille Yates/Shutterstock
Arca del pacto — © 2011 por Zondervan
Lámpara — © 2011 por Zondervan
Recibo antiguo en arcilla — Z. Radovan/www.BibleLandPictures.com
Rutas comerciales israelíes — Mapa de International Mapping. Copyright © por Zondervan.
Rey en su trono — © AISA - Everett/Shutterstock

▶ El bueno, el malo y el fiel

Mapa de los reinos divididos — Mapa de International Mapping. Copyright © por Zondervan.
Plataforma excavada en Dan — © William D. Mounce
La piedra moabita — Mbzt 2012/Wikimedia Commons, CC BY 3.0
Ruinas del palacio de Omrí — © 1995 por Phoenix Data Systems
Obelisco de Salmanasar III — © 2013 por Zondervan
Estatua de Salmanasar III — Kim Walton. Istanbul Archaeological Museums, Turquía.
Dios león alado — ©2013 por Zondervan
Fragmento de Deuteronomio en Rollos del Mar Muerto — Menahem Kahana/AFP/Getty Images

Voces en el desierto

Estatua de Elías en el Carmelo	© Asaf Eliason/Shutterstock
Maqueta de antiguo barco mercante griego	Z. Radovan/www.BibleLandPictures.com
Cuadro de Ezequías en cama	Standard Publishing/Goodsalt
Muralla de Jerusalén	© 1995 por Phoenix Data Systems
Prisma de Senaquerib	Wikimedia Commons
Grabado de escriba	© por Zondervan
Sello de Baruc	Z. Radovan/www.BibleLandPictures.com
Fragmentos de cartas de Laquis	©2013 por Zondervan

Cautivos en tierra extraña

Mapa del exilio desde Judá	Mapa de International Mapping. Copyright © por Zondervan.
Réplica de la puerta de Istar	© rasoulali/Shutterstock
Marduk	Kim Walton. The Pergamon Museum, Berlin.
Crónica babilonia	© Baker Publishing Group y Dr. James C. Martin. Cortesía del British Museum, Londres, Inglaterra.
Antiguo vaso de oro persa	© Baker Publishing Group y Dr. James C. Martin. Cortesía del British Museum, Londres, Inglaterra.
Cuadro de Jerusalén	© Lebrecht Music y Arts Photo Library/Alamy Stock Photo
Estatua basada en el sueño de Nabucodonosor	Copyright ©2011 por Zondervan

Mensajeros misteriosos

Reconstrucción de las cortinas del templo	© Baker Publishing Group y Dr. James C. Martin
Querubín de marfil	A. D. Riddle/www.BiblePlaces.com, tomada en el Israel Museum
Ángel según la visión de Ezequiel	Placa que describe la visión de Ezequiel, escuela mosana, escuela francesa (siglo XII)/Musée Dobrée, Nantes, Francia/Bridgeman Images
Daniel en el foso de los leones	Copyright 2006 digitalartbytedlarson.com
El arcángel Miguel aplastando a Satanás bajo sus pies	Wikimedia Commons
La anunciación	© Renata Sedmakova/Shutterstock
Jesús en Getesemmaní	Wikimedia Commons

Decretos, peligro y devoción

Mapa del Imperio persa	Mapa de International Mapping. Copyright © por Zondervan.
Cilindro de Ciro	© 2013 por Zondervan
Moneda del rey Darío	A. D. Riddle/www.BiblePlaces.com
Relieve en piedra de Jerjes	© Anton Ivanov/Shutterstock
Vaso persa	Ritón de oro, civilización persa, dinastía aqueménida, siglos 4 y 5 A.C./Museo Nacional de Irán, Teherán/DeAgostini Picture Library/Bridgeman Images
Niños disfrazados para celebrar Purim	© Ekaterina Lin/Shutterstock
Muralla de Nehemías	Todd Bolen/www.BiblePlaces.com
Casco persa de bronce	Z. Radovan/www.BibleLandPictures.com

La vida en tiempos del Nuevo Testamento

Antigua sinagoga galilea	www.HolyLandPhotos.org
Yeshúa grabado en piedra	Paradiso/Wikimedia Commons, el osario de Santiago estuvo expuesto en el Royal Ontario Museum desde el 15 de noviembre de 2002 al 5 de enero de 2003.
Rollos de la Torá	Z. Radovan/www.BibleLandPictures.com
Maqueta de la casa de un rico en la época de Jesús	Todd Bolen/www.BiblePlaces.com
Disposición tradicional de la mesa	A. D. Riddle/www.BiblePlaces.com
Herramientas de carpintero	Copyright © 2015 por Zondervan
Caravana de camellos	© Ahmad A Atwah/Shutterstock
Denario	Jay King
Tetradracma	Marie-Lan Nguyen/Wikimedia Commons, CC BY 2.5
Leptón	© Lee Prince/age fotostock

Trompetas, fiestas y días santos

Instrucciones talladas para el templo	Greg Schechter de San Francisco, USA/Wikimedia Commons, CC BY 2.0

Hombre tocando el shofar	© Kobby Dagan/Shutterstock
Judíos pintando los dinteles de su puerta con sangre de cordero	Wikimedia Commons
Pan matzo	© picturepartners/Shutterstock
Niñas danzando	Z. Radovan/www.BibleLandPictures.com
Trompetas judías	© david156/Shutterstock
Sukkah (enramada)	© ChameleonsEye/Shutterstock
Janucá	© Noam Armonn/Shutterstock
Celebración de Purim	Z. Radovan/www.BibleLandPictures.com

¿Dónde está el recién nacido?

César Augusto	© 2012 por Zondervan
Belén hoy	© Przemyslaw Skibinski/Shutterstock
Escena de la Natividad	© PixelDarkroom/Shutterstock
Mosaico de paloma	ToddBolen/www.BiblePlaces.com, tomada en el Domus Romana Museum
Planisferio	Wikimedia Commons
Mapa de los viajes de José y María	Mapa de International Mapping. Copyright © por Zondervan.
Viaje de José y su familia a Egipto	Dominio público

Pescadores, seguidores y amigos

Pescador lanzando la red	© Ryan Rodrick Beiler/Shutterstock
Mapa de la barca galilea	Mapa de International Mapping. Copyright © por Zondervan.
Barca galilea	Wikimedia Commons
Cambista	© Baker Publishing Group y Dr. James C. Martin. Cortesía del Eretz Israel Museum, Tel Aviv, Israel.
Moneda de Pilato	Wikimedia Commons
Ruinas sinagoga de Capernaúm	© Noam Armonn/Shutterstock
Sandalias antiguas	Z. Radovan/www.BibleLandPictures.com

¿Podría ser el elegido?

Mapa del ministerio de Jesús	Mapa de International Mapping. Copyright © por Zondervan.
Bautismo en el río Jordán	© Eunika Sopotnicka/Shutterstock
Desierto de Judea	© 1995 por Phoenix Data Systems
Ubicación del Sermón de la Montaña	© Sopotnicki/Shutterstock
El Padrenuestro en las paredes de la iglesia del Pater Noster	© suronin/Shutterstock
Pozo de Jacob	Ferrell Jenkins/www.BiblePlaces.com
Techo de la iglesia de la Transfiguración	© Anastazzo/Shutterstock
Redil de ovejas	© 1993 por Zondervan

Enseñanza con parábolas

Parábola del sembrador	Wikimedia Commons
Trigo	© Ricardo Reitmeyer/Shutterstock
Semillas de mostaza	Gordon Franz
Viñedo	Todd Bolen/www.BiblePlaces.com
Posada antigua	Library of Congress, LC-DIG-ppmsca-02718/www.LifeintheHolyLand.com
Parábola de la moneda perdida	Providence Collection/GoodSalt
Vaina de algarrobas	© Claudio Rampinini/Shutterstock
Fiesta nupcial israelí	© 1993 por Zondervan

Calles atestadas y multitudes furiosas

Mapa de Galilea	Mapa de International Mapping. Copyright © por Zondervan.
Fragmento de Juan	Centre for Public Christianity
Cuadro de Rembrandt sobre Cristo en la tormenta del lago de Galilea	Wikimedia Commons
Estanques de Betesda	Wikimedia Commons/Ariely, CC BY 3.0
Pescado y pan	Wikimedia Commons
Tilapia	© nednapa/Shutterstock
Tumba de Lázaro	Todd Bolen/www.BiblePlaces.com

Por las puertas de la Ciudad Santa

Área del muro oeste del templo	© mikhail/Shutterstock

«Lloró por ella»
de Enrique Simonet — Wikimedia Commons
Maqueta de Jerusalén — Wikimedia Commons
Palacio de Herodes — © 1995 por Phoenix Data Systems
Tumba familiar de Herodes — Paul Arps/Wikimedia Commons, CC BY 2.0
Domingo de Ramos — © Ryan Rodrick Beiler/Shutterstock
Fortaleza Antonia — © William D. Mounce

▶ El día oscuro

Mapa de Jerusalén durante
los últimos días de Jesús — Mapa de International Mapping. Copyright © por Zondervan.
Comunión — © IngridHS/Shutterstock
Huerto de Getsemaní — © kavram/Shutterstock
30 piezas de plata — Z. Radovan/www.BibleLandPictures.com
Látigo romano — © 1993 por Zondervan
Jesús clavado en la cruz — © welburnstuart/Shutterstock
Tumba del huerto — © 2015 por Zondervan

▶ Mentiras, rumores y esperanza

Tumba con piedra rodada — © William D. Mounce
Mirra — © FooTToo/Shutterstock
Mujeres en la tumba vacía — © Nancy Bauer/Shutterstock
Camino a Emaús — Wikimedia Commons
Monte de los Olivos — © Renata Sedmakova/Shutterstock
Puerta de Jerusalén Este — © William D. Mounce

▶ El Mesías

Genealogía de Isaí — Ms 21926 genealogía de Isaí en un salterio, escuela inglesa/British Library, Londres, R.U./Bridgeman Images
Madre e hijo — © Zurijeta/Shutterstock
Pesebre — © William D. Mounce
Nazaret — AP Images/Dan Balilty
Capernaúm — © vblinov/Shutterstock
Jesús expulsando a los
cambistas del templo — William Brassey Hole/Private Collection/© Look and Learn/Bridgeman Images
Pollino — © sarra22/Shutterstock

▶ ¿Cómo se inició la iglesia?

Mapa de Pentecostés — Mapa de International Mapping. Copyright © por Zondervan.
Aposento alto — © Peter Zaharov/Shutterstock
Grabado de Pentecostés — Planet Art
Lugar de la lapidación de Esteban — © Aleksandar Todorovic/Shutterstock
Casa en Jope — © OPIS Zagreb/Shutterstock
El sanedrín — © Faithlife Corporation, creadores de Logos Bible Software, www.logos.com
Fragmento de 2 Pedro — Wikimedia Commons
Moneda de Nerón — Clinton E. Arnold

▶ Cuando Roma gobernaba el mundo

Réplica de catapulta romana — © Yory Frenklakh/Shutterstock
Ruinas del hipódromo, recreación — © William D. Mounce
Auriga romano — © 2013 por Zondervan
Cesarea Marítima — Balage Balogh/www.archaeologyillustrated.com
Casa de costa en Cesarea
Marítima — © ChameleonsEye/Shutterstock
Barco de guerra romano — © Linda Bucklin/Shutterstock
Brecha en la muralla de Gamla — Todd Bolen/www.BiblePlaces.com
Piedras en Jerusalén — www.HolyLandPhotos.org
Arco de Tito — © Matt Ragen/Shutterstock

▶ Los que mandaban

Josefo — Wikimedia Commons
Los fariseos interrogan a Jesús — ilustración para 'The Life of Christ', h.1886-96, Tissot, James Jacques Joseph/Brooklyn Museum of Art, Nueva York, EUA/Bridgeman Images
Osario de Caifás — Wikimedia Commons
Puerta de Huldá — © 1995 por Phoenix Data Systems

Mikveh — Todd Bolen/www.BiblePlaces.com
Atrio de los sacerdotes, recreación — A. D. Riddle/www.BiblePlaces.com
Muro occidental — © Elisei Shafer/www.123RF.com
Cúpula de la Roca — © 2015 por Zondervan

▶ Ídolos extraños y celdas

Retrato de Pablo en una cueva — © Baker Publishing Group y Dr. James C. Martin
Bronce de ciudadanía romana — Kim Walton. The British Museum.
Damasco, la calle Derecha — © 1995 por Phoenix Data Systems
Antioquía — Todd Bolen/www.BiblePlaces.com
Cárcel de Filipos — © 1995 por Phoenix Data Systems
Estatua de Artemisa — © mountainpix/Shutterstock
Estrado judicial corintio — © 1995 por Phoenix Data Systems

▶ Naufragios y el emperador

Los guardas protegen a Pablo — GoodSalt/Pacific Press
Palacio de Herodes en Cesarea — © Sopotnicki/Shutterstock
Antiguo carguero romano — Z. Radovan/www.BibleLandPictures.com
Vía Apia — © Francisco Javier Diaz/Shutterstock
Mapa de Roma en tiempos del NT — Copyright © 2011 por Zondervan
Busto del emperador Nerón — Gordon Franz
Prisión Mamertina — Todd Bolen/www.BiblePlaces.com

▶ La escritura del resto de la Biblia

Patmos — © Marlaine/Bigstock
Jesús como rey victorioso — © Anilah/Shutterstock
Romanos leyendo rollos — Bajorrelieve de una escena escolar, de Neumagen, Gallo-Roman/Rheinisches Landesmuseum, Trier, Germany/Bridgeman Images
Judíos actuales leyendo rollos — © Aleksandar Todorovic/Shutterstock
Códice Sinaítico — Z. Radovan/www.BibleLandPictures.com
Escriba del Nuevo Testamento — Landsdowne 1179 f.34v Escriba en su escritorio comparando dos libros, de Le Miroir Historiale, h.1340, escuela francesa/British Library, Londres, RU/© British Library Board. Todos los derechos reservados/Bridgeman Images
Casiodoro de Reina — Dominio público
Biblia del Cántaro — Fondos de la Biblioteca Nacional de España
Portada Biblia del Oso — Dominio Público

▶ Quién es quién en el Antiguo Testamento

Estatua de David — © alefbet/Shutterstock
Cuadro de Moisés — Wikimedia Commons
Estatua del arcángel Miguel — © Buturlimov Paul/Shutterstock

▶ Quién es quién en el Nuevo Testamento

Moneda de César Augusto — Jay King
Mosaico de retrato de Pablo — Wikimedia Commons
Simeón — Wikimedia Commons